Dres Balmer
Reh am Rapsfeld

Dres Balmer

Reisegeschichten

Reh am Rapsfeld

oder eine Radreise
rund um die Ostsee

Fotos von Dres Balmer und Pete Mijnssen

Herausgeber: Velojournal –
Magazin für Alltag und Freizeit

Rotpunktverlag.

Der Verlag dankt Veloplus für die Unterstützung.

Der Rotpunktverlag wird vom Schweizer Bundesamt für Kultur mit einem Strukturbeitrag für die Jahre 2016–2020 unterstützt.

© 2019 Rotpunktverlag, Zürich
www.rotpunktverlag.ch

Gestaltung: Patrizia Grab
Bildbearbeitung: typopoint GbR, Ostfildern
Druck und Bindung: Friedrich Pustet, Regensburg

ISBN: 978-3-85869-824-7
1. Auflage 2019

Dieser Titel ist auch als E-Book erhältlich

INHALT

7	**Deutschland 1**
17	**Dänemark**
27	**Schweden**
79	**Finnland**
115	**Russland 1**
143	**Estland**
153	**Lettland**
163	**Litauen**
167	**Russland 2**
173	**Polen**
181	**Deutschland 2**

Anhang

194	Rund um die Ostsee und angrenzende Gewässer, ein Fahrplan im Uhrzeigersinn
198	Bibliografie

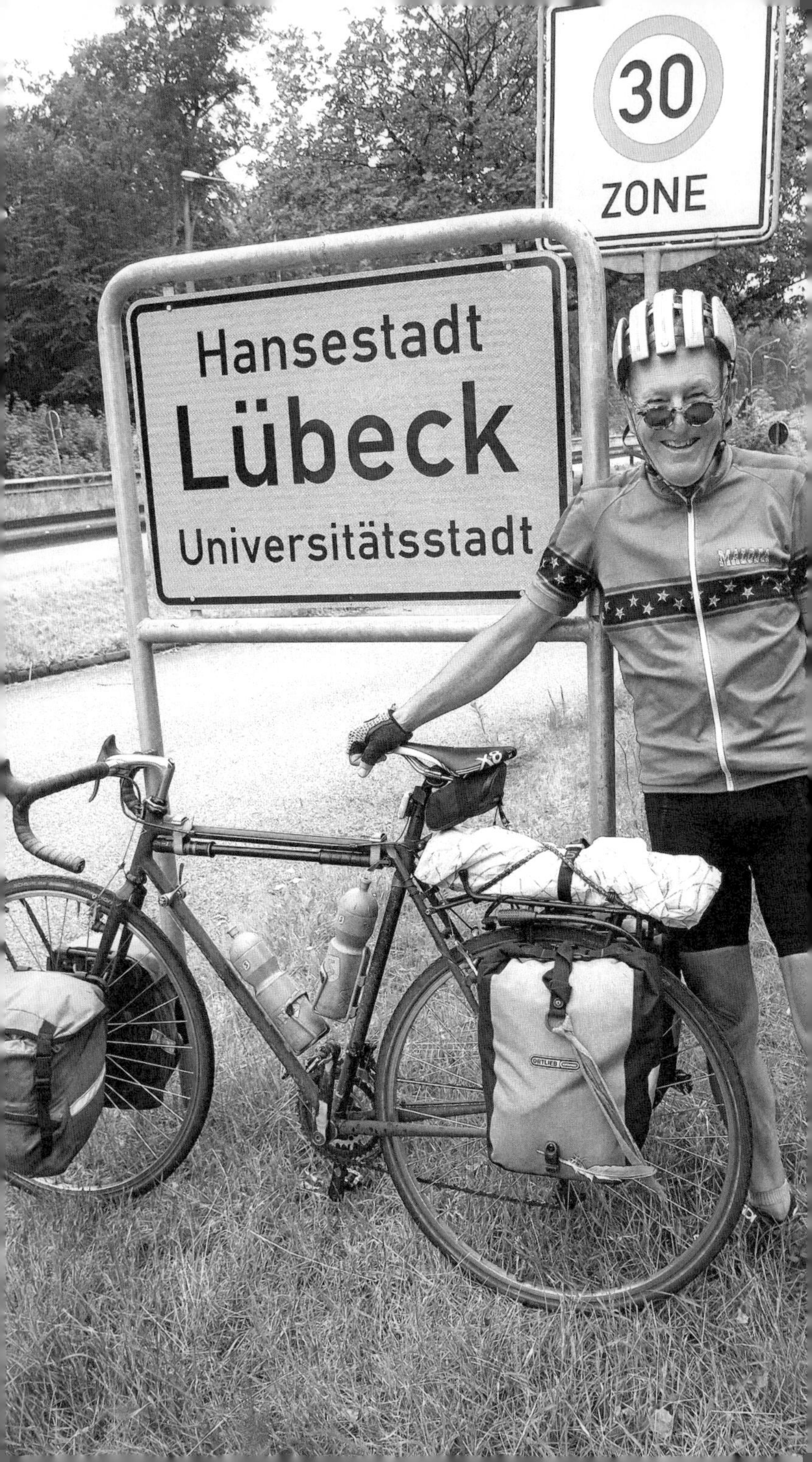
30
ZONE
Hansestadt
Lübeck
Universitätsstadt

DEUTSCHLAND 1

Manche Fragen sind wie der Beginn einer Reise. Du gehst mit offenen Augen und Ohren los und kommst von einer Frage zur nächsten. Immer weiter!

Lorenz Pauli

Tag eins	**Lübeck – Puttgarden**

Lübeck, Ende April. Im Hotel Jensen am Fluss Trave, wo ich übernachtet habe, gibt es ein schönes Morgenessen. Und ich finde wieder einmal, in Sachen Frühstück sei die Schweiz ein unterentwickeltes Land.

Ich möchte für mich und meinen Freund, den schöpferischen Bernhard, der mich auf dem letzten Stück der Rundfahrt hierher zurückbegleiten wird, für Ende Juni ein Zimmer reservieren. Bis dahin will ich den Transportsack für das Fahrrad hier im Hotel lassen, statt ihn um die ganze Ostsee herumzuschleppen. Der Mann an der Réception sagt, das gehe nicht. Ich fange an zu verhandeln, sage ihm, ich würde die zwei reservierten Zimmer gleich bezahlen, doch der Mann sagt, sie könnten den Velosack, der etwa so groß ist wie eine Schuhschachtel, unmöglich hier behalten, acht Wochen lang. Ich sage ihm, mit dieser Absage verlören sie zwei Gäste, doch das beeindruckt ihn nicht. Er antwortet kaltschnäuzig, da würden genug andere Gäste kommen und die Zimmer besetzen. Ich denke, der Mann habe schon am frühen Morgen viel Sauerkraut gegessen; aber ich weiß auch, dass Lübeck eine erfolgreiche Handelsstadt ist.

Ich mache mich auf die Räder und auf die erste Reise, von Hotel zu Hotel. Ich reise vom Hotel Jensen zum Hanseatischen Hof, von dort über Kaiserhof und Lindenhof bis zum Hotel Haase, möchte das Zimmer in zwei Monaten reservieren und bis dahin meinen schuhschachtelgroßen Velosack hinterlegen, verhandle von Hotel zu Hotel, doch überall, von Jensen bis Haase, werde ich wegen des Velosacks abgewiesen. Beim Velofahren von ungastlicher zu ungastlicher Herberge in der reichen Hansestadt Lübeck frage ich mich, wieso all die Gastgeber, welche diese Berufsbezeichnung nicht verdienen, so missmutig sind. Dann sage ich mir: Der Grund MUSS das Sauerkraut sein, die fressen frühmorgens alle nur Sauerkraut, Sauerkraut, verdammtes Sauerkraut! Es erlaubt ihnen zwar das Furzen, doch es macht sie sauer, verbietet ihnen das zweimonatige Horten meines kleinen Velosacks, sogar gegen angebotene Bezahlung! Manchmal bin ich in meinen Gedanken so gemein mit den Deutschen, dabei ist meine halbe Familie ja auch deutsch.

Da erblicke ich das Schild einer weiteren Bleibe, deren Name mir Mut macht: Sie heißt BALTIC, und da ich vorhabe, akkurat um das Baltikum herum zu radeln, könnte der Name ein gutes Vorzeichen sein. Ich steige die Eingangstreppe hinauf. Nach fünf Minuten habe ich mich an der Réception mit dem hilfsbereiten Mann aus Estland geeinigt, zahle das

Zimmer, vertraue ihm den Velosack an, wir reichen uns die Hände und sagen uns Auf Wiedersehen in zwei Monaten.

Immer noch in Lübeck, bin ich unterwegs auf einem jener teutonischen Radstreifen, die sich untertänig zwischen Trottoir und straßenseitig parkierten Autos durchschleichen. Ein Mann hundert Meter weiter vorne hat am offenen Kofferraum seines Autos zu tun, will einen Blumentopf oder etwas Ähnliches über den Velostreifen zum Trottoir schleppen, blickt aber nicht so genau auf meine Piste. Dafür schaue ich genau und bremse sanft ab, sodass der Blumentopf-Fußgänger mit seiner Fracht unbeschadet passieren kann. Da knallt mir von hinten eine junge Velofahrerin mit Musikstöpseln in den Ohren in mein Rad und verbiegt den Schlüssel, der im Schloss steckt, das wie immer im Rahmen eingehängt ist; die Verbiegung sehe ich aber erst später. Dazu pflaumt die junge Dame mich noch an, wie ich dazu käme, abzubremsen. Ich weise mit einer Armbewegung auf die Blumentopfaktion des Herrn da vor uns. Die Rammkuh hat nicht einmal die Musikstöpsel aus ihrem Kopf gezogen und ist schon verschwunden. Ich kann den Schlüssel zwar geradebiegen, doch ich traue seiner Festigkeit für die lange Reise schlecht, und deshalb kaufe ich im Kaufhaus Karstadt ein neues Schloss.

Endlich, etwa um zehn Uhr, fahre ich los. Zuerst geht es ganz gut, doch die Ausschilderung für Radler geht immer nur bis zum nächsten Ort und nicht über ihn hinaus, der angeblich so berühmte Ostsee-Radweg wird auf keinem Wegweiser erwähnt. Die Radroute geht immer wieder über Kieswege, verläuft im Slalom zwischen Campings, Minigolfplätzen, Schrebergärten, Friedhöfen, Kläranlagen und Kehrichtverbrennungsanlagen, sodass ich manchmal entnervt auf die Bundesstraße ausweiche, wo man gut und direkt fahren kann. Manchen deutschen Autofahrern behagt das aber gar nicht, sie machen Handzeichen, sie hupen und regen sich auf über meine Gegenwart auf ihrer Heiligen Straße. Die Ger-

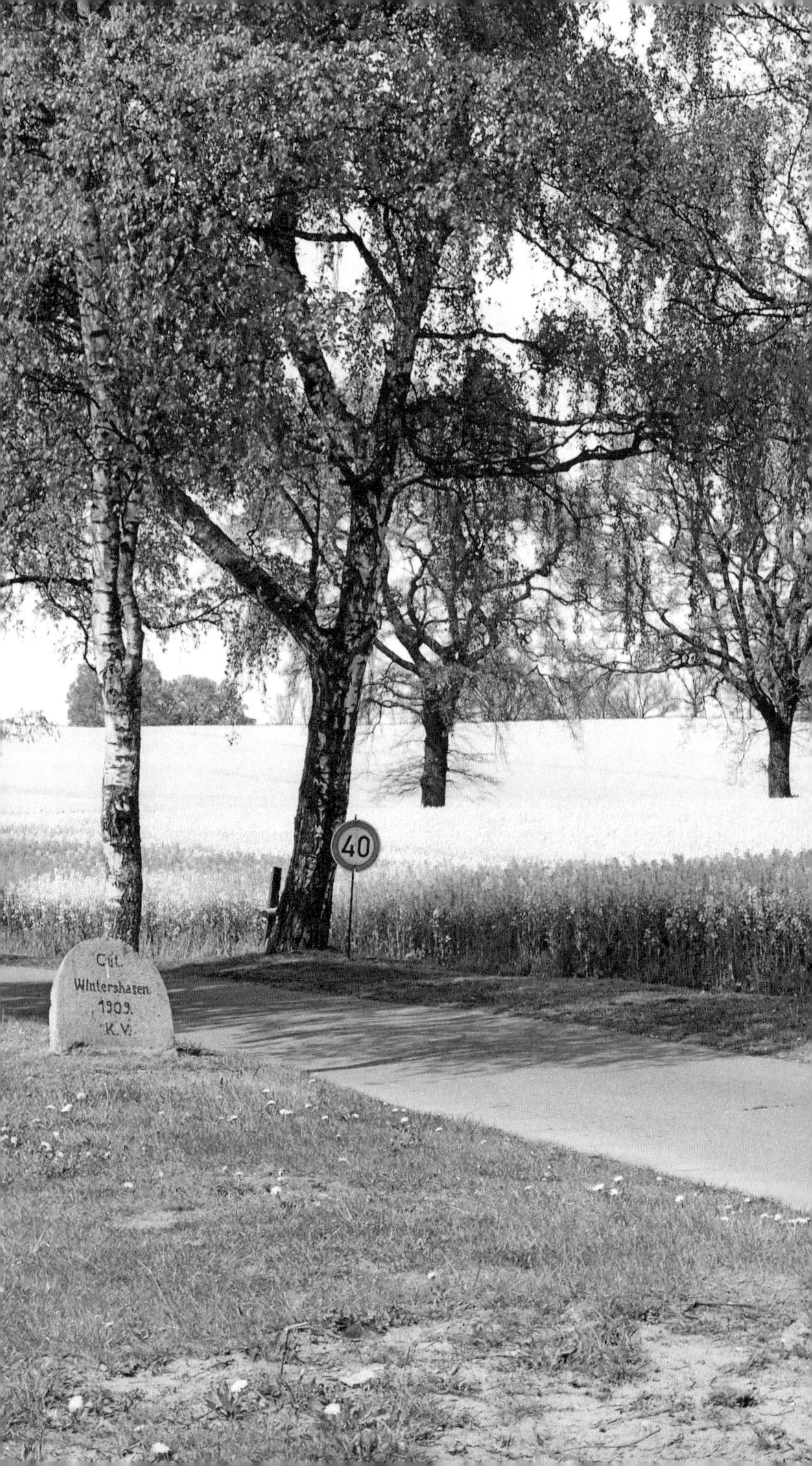
40
Gut
Wintershagen
1909.
K.V.

manen haben ihre mobile Apartheid zwischen Autofahrern und Radlern weitgehend vollendet, sodass die Autofahrer kaum je einen Velomenschen zu Gesicht bekommen. Das Autofahren und die Autostraße sind heilig, und in Heiligenhafen verfahre ich mich zünftig.

Das letzte Stück auf der Bundesstraße 207/Europastraße 47 ist gut. Da gibt es einen Pannenstreifen, und den kann ich gebrauchen. Dann esse ich an einem Stand einen Hering mit Zwiebeln und Gurke in einem aufgeschnittenen weißen Brötchen. Ich glaube, das geschieht in Scharbeutz. Oder ist es in Grömitz? Scharbeutz oder Grömitz? Item, ich mag den Klang dieser geheimnisvollen Namen, und auf jeden Fall ist das der erste Hering auf dieser Rundfahrt. Das ist ein kleiner historischer Moment auf dieser Reise, die eine Reise der Kleinigkeiten, eine Fahrt von Nichtigkeit zu Nichtigkeit sein wird. Ich werde unterwegs, rund um die Ostsee, ganz sicher sechzig, neunzig oder sogar hundertzwanzig Heringe essen, und sie werden mich bei Laune halten. Von jetzt an werde ich mich nicht mehr durchwursteln und durchkrauten, sondern ich werde mich durchheringeln; die blöden Würste und das blöde Sauerkraut können weit hinter mir bleiben, bis ich mich wieder nach ihnen sehne.

Ich dachte, ich komme heute nur bis Heiligenhafen. Jetzt aber schaffe ich es bis Puttgarden. Die verkehrstechnische Bilanz: Lübeck–Puttgarden ist für Radfahrer nicht erkennbar durchgehend ausgeschildert, man würgt sich von Ort zu Ort durch. Die Landschaft ist oft schön. Kilometerlang liegen die Rapsfelder, die Alleen sind großzügig, und lustig sind die Fahrten durch ein paar Seebäder, schön die Aussicht auf die Ostsee, die spiegelglatt in der Windstille liegt. Ich sehe fast nur Radler auf ihren kleinen Spazierfahrten, unterwegs von ihrem Auto weg und zurück zu ihrem Auto, die meisten sind winterlich gekleidet, ein Rennradfahrer, auch Gümmeler genannt, saust in Langlaufmontur vorüber, auf der Bundesstraße sehe ich einen einzigen weiteren Gümmeler, und der ist sommerlich gekleidet, wie ich.

Ich bin sehr müde, die Müdigkeit ist auch noch von der gestrigen Anreise. Das Hotel kostet 95 Euro, und das finde ich sehr teuer. Klar, das kostet so viel, weil ich allein unterwegs bin. Warum bin ich allein unterwegs? Weil es sonst niemandem einfällt, auf dem Velo um die Ostsee zu fahren. Niemand weiß, was das genau sein soll, die Ostsee samt Baltikum und all den weitläufigen Meerbusen, und ich weiß das alles auch noch nicht.

Deshalb, genau deshalb, weil ich es noch nicht weiß und es nie genau wissen werde, bin ich ja unterwegs. Warum aber ist das Alleinsein doppelt so teuer, als wenn man in Begleitung reist? Das ist so, weil das andere Bett im Zimmer leer bleibt. Ich könnte um Mitternacht aufstehen, hinübergehen und im anderen Bett weiterschlafen, um so die fünfundneunzig Euro herauszuholen, doch das scheint mir rappenspalterisch, und um Mitternacht schlafe ich ohnehin am tiefsten. Das Rapsfeld unter dem Zimmerfenster ist riesig und leuchtet so gelb, dass einem die Augen brennen. Diese Rapsfelder sind bis jetzt, glaube ich, der stärkste Eindruck. Doch die Reise hat ja noch gar nicht richtig begonnen.

Um zwanzig Uhr leuchtet immer noch helles Sommerlicht. Das Hotel Dania, in dem ich bin, habe ich auf der Anfahrt schon von Weitem erblickt, denn es ist ein Hochhaus und mein Zimmer im achten Stock. Ich bin hier der einzige Gast. Bei der Kreuzung vorhin stand ein Wegweiser zu einem Camping, doch da war wieder einmal keine Distanzangabe. Das hat seine Logik, weil es den anreisenden Autofahrern egal ist, ob sie noch drei oder sechs Kilometer zu fahren haben. Dem müden Velofahrer aber ist das nicht egal, und wenn der Campingwart keine Distanzangabe auf seinen Wegweiser schreibt, hat auch er mit mir einen velofahrenden Gast weniger.

Die Fährhafenanlage schräg gegenüber ist menschenleer und gespenstisch, doch der Wirt beruhigt mich. Er sagt, es lege jede Stunde eine Fähre ab. Vom Hotelrestaurant im dritten Stock sehe ich über das Rapsfeld zum Hafen, dahinter leuchtet die Ostsee dunkel unter dem blauen Himmel. Schon hier ist so ein nordisches Licht. Dann erblicke ich zwischen dem Rapsfeld und dem Fährhafen einen schmalen Wiesenstreifen. Auf ihm grast ein Reh, hebt hie und da den Kopf und blickt über das Rapsfeld hierher zu meinem Hotelturm, mit einem Blick, dessen stechende Wachheit ich auch über die Distanz von hundertfünfzig Meter zu spüren glaube. Schmerzt denn das Rapsgelb die Augen des Rehs nicht? Es ist zwanzig nach acht und immer noch heller Tag.

Das Gulasch ist dreimal so zäh und dreimal weniger gut als das Gulasch einer Bekannten zu Hause, die sich auf diese Speise spezialisiert hat; außerdem fehlt hier der Sauerrahm. Die Portion aber ist riesig, ich lasse ein Drittel stehen und verzichte auf das Dessert, Mousse au chocolat, das der Kellner überschwänglich und mit Augenzwinkern gelobt hat. Wieso zwinkert der so mit seinen Augen, vor allem mit dem rechten?

Tag zwei **Puttgarden – Præstø**

Die Sonne scheint glaub ich schon um fünf Uhr morgens. So genau weiß ich das nicht, weil ich keinen Zugang habe zur Uhrzeit. Mein Rapsfeld leuchtet wieder gelb, noch gelber als gestern explodiert es unter meinem Fenster. Und auch heute steht das Reh frühmorgens regungslos hinter dem Feld und blickt herüber zu mir. Das Reh ist fast wie ein Haustier. Oder ist das Reh künstlich? Es schaut so starr. Nein, jetzt beugt es den Hals nach unten und frisst Gras.

Beim Frühstück im Hotel Dania ist wieder ein außergewöhnlicher Kellner zugange, sehr lang gewachsen und mager. Im Service trägt er Chirurgenhandschuhe, und er ist von ausführlich wortreicher Höflichkeit, sagt immer wieder »mein Herr« und andere Sachen, wie sie nur noch in alten Sprachführern geschrieben stehen. Wo sonst und wer sonst sagt noch »mein Herr«? Sagt er vielleicht »mein Herr«, weil ich vorher »Herr Ober« gesagt habe? Wer sagt denn noch »Herr Ober«, wird er sich gedacht und beschlossen haben, mich mit »mein Herr« anzureden. Wir, er und ich, fallen vielleicht ein wenig aus der Zeit und lassen uns auf dieses Sprachspiel ein, das uns beide amüsiert. Ich glaube langsam, das Hotel Dania wird von einem Herrenklub geführt, und das fasziniert mich. Sie haben nicht eine Frau Oberin, sondern einen Herrn Ober. Und wie schaut es in der Küche aus? Sind dort Küchenmädchen oder Küchenburschen? Und wer macht die Betten der Gäste und wechselt die Leintücher? Haben sie nicht ein Zimmermädchen, haben sie einen Zimmerknaben? Ich schaue noch einmal nach dem Reh am Rapsfeld. Es ist verschwunden. Es muss also ein richtiges, ein leibhaftiges Reh sein.

Vor neun Uhr mache ich mich auf den Weg zur Fähre, stehe an der Kasse. Die Überfahrt kostet sechs Euro. Dazu gibt es einen Gutschein, den man auf dem Schiff eintauschen kann gegen ein Paket Zigaretten. Ich stecke den Gutschein ein.

Die Frau im Kassenhäuschen weist mich nach vorne, zum Pier hin, auf die Piste eins, dort ganz links, wo schon zwei Motorradfahrer mit ihren Fahrzeugen warten, sollte ich mich hinstellen. Noch ist das Signal auf Rot. Als es grün wird, dürfen die Zweiradfahrer als Erste durch, die Autos warten noch. Oh, da kommt auch noch ein mächtiger Eisenbahnzug von der rechten Seite auf Schienen angefahren, der auch auf die Fähre will. Von zwei Sicherheitsleuten werde ich aufgehalten, dann durchgewunken, der letzte ruft mir zu, ich solle im Schiff backbord bis ganz nach vorne fahren und das Velo dort abstellen. Ich überlege, ob backbord links oder rechts heißt, doch im Unterdeck steht zum Glück ein weiterer Fährmann, der mich mit einer Armbewegung nach links weist; backbord heißt also links.

Die etwas neblige Überfahrt dauert 45 Minuten, und alle Passagiere, Paare, die sich mit ihrem Wohnmobil zur Entdeckung Skandinaviens aufmachen, Eltern mit Kindern, die über ihr Handy gebeugt sind, und zwanzig Pfadfinder, scheinen sich zu langweilen, gegenseitig anzuöden. Mir ist nicht langweilig, weil ich mir diesen Film auf dem Fährschiff anschauen kann. Doch bald habe ich ihn zur Genüge gesehen. Ich gehe mit dem Zigaretten-Gutschein an den Kiosk und frage nach einer Packung Roth-Händle ohne Filter. Roth-Händle ist ein kräftiges Kraut, und mir gefällt auch die Grafik der rotschwarzen Packung. Roth-Händle ohne Filter aber hat die Kioskfrau nicht im Sortiment, weil, wie sie, die Kioskfrau, mitteilt, niemand mehr Zigaretten ohne Filter raucht. Dann frage ich nach filterlosen Reval, was hier, auf einer Ostseefahrt, ja seine Logik hat, denn Reval ist der deutsche Name von Tallinn. Doch auch Reval hat die Verkäuferin nicht im Angebot. Der Himmel hat sich überzogen, der Wind ist stark und so kalt, dass ich es auf Deck kaum aushalte. Die Fähre legt an, sie öffnen vorne die riesigen Tore. Ich darf das Schiff als Erster verlassen und bin ganz stolz. Bin ich jetzt in Dänemark, in Skandinavien? Noch bin ich da nicht sicher.

DÄNEMARK

Fremd ist der Fremde nur in der Fremde.

Karl Valentin

Auf dem dänischen Festland erklärt mir eine Zöllnerin, wie ich auf die andere Seite der Autobahn und dort auf die Route nach Norden komme, und die Überführung ist gut ausgeschildert. Zuerst fahre ich auf der Straße, etwas weiter gibt es Velopisten, und ich benutze sie. Diese Pisten machen einen besseren Eindruck als die in Deutschland, und die dänischen Autofahrer scheinen weniger ruppig zu sein als die deutschen.

Ich finde den Weg Richtung Nykøbing. Da aber sind zwei Kilometer weiter eine Baustelle und eine Umleitung ausgeschildert. Wie üblich ignoriere ich die Umleitung und fahre geradeaus weiter, um mir diese Baustelle anzuschauen. So habe ich einen Moment lang Ruhe vor dem motorisierten Verkehr. Meine Straße steigt in einer sanften Rampe an zu einer Brücke, die über die Autobahn E 47 führt, nur, hoppla!, das waagrechte Mittelstück der Überführung, also genau die Brücke, ist weg, und ich stehe über einem Abgrund.

Vierzig Meter gegenüber, auf der anderen Seite, sehe ich den Aufgrund, denn wo ein Abgrund ist, gibt es auch einen Aufgrund, denke ich mir. Dazwischen, vier Meter unter dem Abgrund und dem Aufgrund, ist die Autobahn, doch auch auf ihr sind Bauarbeiten im Gange, und zwar dergestalt, dass die Autos nicht auf vier, sondern nur auf zwei Spuren fahren und sich kreuzen. Von meinem Aussichtspunkt aus schaue ich mir die Situation an. Ich rauche eine Sèche, das heißt Zigarette, beobachte den Verkehr während der siebenminütigen Sèche-Länge und sehe, dass nur wenige Fahrzeuge unterwegs sind. Außerdem gebieten ein paar Schilder eine Höchstgeschwindigkeit von 40 km/h. Ich beschließe, über einen kleinen Umweg zu der Autobahn hinunter zu fahren und sie dann zu überqueren, um auf der anderen Seite, beim Aufgrund also, die Reise auf meiner unterbrochenen Straße fortzusetzen.

Ich bin jetzt am westlichen Autobahnrand bis auf die Höhe der abgebrochenen Brücke gefahren und beginne damit, die Taschen vom Velo zu nehmen. Da pfeift von hinten ein Arbeiter. Er spricht Deutsch und fragt mich, was ich da mache. Ich begrüße ihn zuerst und biete ihm eine Zigarette an. Er lehnt ab. Dann erkläre ich ihm mein Vorhaben, dass ich gedenke, Gepäck und Fahrzeug Stück um Stück über die Leitplanken auf die andere Seite zu schaffen und dort meine Ostsee-Fahrt fortzusetzen. Halb ablehnend und halb amüsiert schüttelt er den Kopf, lässt mich machen, und bei seinem Weggehen lacht und schüttelt er den Kopf weiter. Warum arbeiten die alle, wo heute doch der Erste Mai ist?

Im Gegenwind radle ich weiter gegen Osten, nach Nykøbing. Der Name amüsiert mich, weil er an deutschschweizer Dialekte erinnert, an Köbi oder so. Kurz vor dem Ort überholt mich ein Gümmeler; grußlos, dieser Sauhund in Schwarz. Ich bin sehr hungrig und fahre ins Zentrum. Dort sind Restaurants, und allenthalben sind Leute zu sehen, die ihre Lebenslust zeigen. Vor einer Beiz, draußen im Garten, bringt man mir ein sehr gutes Thunfisch-Sandwich, hammergut, und dazu gibt es Tuborg-Bier, Tuborg classic oder so ähnlich, und das ist halbdunkel. Nie würde es mir in der Schweiz einfallen, Tuborg-Bier zu trinken, hier aber trinke ich es.

Dann geht es weiter nach Norden, zum Teil mit umständlichen Velo-Umleitungen, die ich oft missachte. Jetzt scheint eine schüchterne Sonne. Ich durchquere weitläufige Landschaften mit immer ferneren Horizonten. Alles hier ist grüne Landschaft und grüne Landwirtschaft. Der Wind weht von rechts, und rechts ist ein Bauer mit seinem Traktor ein Feld am Eggen. Die Erde ist so trocken, dass der Wind Staubschwaden vom Traktor herüber zu meiner Straße trägt. Der Bauer sieht mich kommen und hält seinen Traktor an, sodass einen Moment lang kein Staub zu mir herüber fliegt. Und der Bauer wartet, bis ich vorbei bin. Dann legt er den Gang wieder ein.

Jetzt fahre ich im ätzenden Gegenwind. Ich erreiche Vordingborg, zweige rechts ab Richtung Møn. Dann verpasse ich die Stelle, wo ich nach Norden biegen möchte, versuche es mit einer anderen Kurve. Es geht jetzt durch eine abwechslungsreiche Hügellandschaft, ich weiß aber nicht genau, wo ich eigentlich durchfahre.

Da komme ich nach Præstø, sehe ein Camping ausgeschildert und folge den Pfeilen. Ich stelle das Zelt auf und gehe ins Dorf zum Nachtessen. Das Restaurant heißt Kaktus. Ich esse Spaghetti alla marinara. Die sind anständig, doch ich schaffe auch diese Portion nicht. Was ist mit mir los? Können die Deutschen und die Däninnen so viel mehr auf einmal fressen als ich Schweizer?

Um neun Uhr radle ich zurück zum Zelt. Ich bin auf dem Hund, logisch. Der Gegenwind ist kalt, meine Landkarte schlecht, und ich kann sie ohnehin nicht lesen. Also könnte ich die Karte zu Hause lassen und so Gewicht sparen. Die

Nacht ist kalt. Ich verkrieche mich ins Zelt und bin froh, dass ich den wärmeren Schlafsack mitgenommen habe. Ich schlafe sehr gut.

Tag drei	**Præstø – Kopenhagen**

Ich erwache und möchte am liebsten schon aufstehen. Da sehe ich, dass es erst sechs Uhr ist, und schlafe noch eine Stunde. Es ist acht Grad kühl. Ich probiere zum ersten Mal den Kocher aus. Die Bedienung mit den Esbit-Tabletten und das Auflegen kleiner Zweigstücklein ist etwas umständlich, gelingt aber schließlich, und schon brodelt das Wasser. Mit dem neuen Zelt habe ich eine kleine Schwierigkeit, weil sich das Verbindungsstück von Längs- und Querfirst schlecht bewegen lässt. Wie immer ist die erste Packerei umständlich, von Mal zu Mal wird sie einfacher gehen. Der Himmel ist bedeckt, die Sonne nicht sichtbar. Die Straße führt zuerst durch die reine Landschaftsidylle, ich genieße die Fahrt über die weiten Felder, die lichten Wälder entlang, fühle mich in der Geografie gut aufgehoben. Ich gelange auf die Landstraße 105, und die führt schnurgerade über sanfte Hügel. Die Velopiste ist perfekt, und ich benutze sie, sehe sonst keine Radler. Ich bin etwa um halb neun losgefahren, nach elf Uhr bin ich in Køge und sehr hungrig. Am Hauptplatz sehe ich das Café Vanilla, und hinein mit mir. Ich bestelle und verschlinge einen Vanilla-Brunch, und der ist sehr solide.

Vor der Weiterfahrt erblicke ich am Hauptplatz einen Liegeradfahrer aus Deutschland. Ich grüße ihn, und ich Fiesling, wie ich später denke, ertappe mich dabei, dass ich insgeheim seine radlerische Stärke abschätze, mich frage, ob wir im Gegenwind eine Seilschaft bilden könnten. Er ist auch unterwegs Richtung Stockholm, doch im Moment ist er noch daran, Pâtisserie zu essen. Ich beschließe den Aufbruch. Vielleicht holt er mich ja ein, dann können wir zusammenarbeiten. Ich rolle gemächlich weiter. Irgendwie fühle ich mich nicht so ganz in Form und rauche während der Pausen etwas nervös. Heute ist vielleicht die Ouvertüre zu den langen Geraden in Schweden, die ich erst auf der Landkarte gesehen habe. Na, dann halt. Wie soll ich mich innerlich auf sie einstellen, auf die langen Geraden, die vor mir liegen, hinauf nach Norden, dann wieder hinunter nach Süden? Der Wind ist gnädig, doch es ist kalt. Zum Glück bin ich warm angezogen, und ich brauche die warme Kleidung, unbedingt. Das Meer taucht nur hie und da kurz am rechten Bildrand auf. Diese Landschaft ist weit und unendlich, sie ist von einer gnadenlosen weiten Schönheit, und sie ist nicht zu fotografieren, sie ist nur mit den Augen, körperlich und seelisch zu erleben. Weil ich also nicht weiß, was ich fotografieren soll, fotografiere ich Kilometer- und Meilensteine.

Die Agglomeration Kopenhagen beginnt schon fünfundzwanzig Kilometer südlich des Zentrums, es sind anonyme Siedlungen. Schon fahre ich auf Stadtautobahnen. Genau im Moment, als ich zum ersten Mal ein Schild »Centrum« erblicke, gibt es etwas Sonnenschein, und der ist mir eine Freude. So bringe ich also den Sonnenschein nach Kopenhagen. Von meinem Liegeradfahrer fehlt jede Spur.

Die Stadt ist größer als erwartet und befürchtet. Der Betrieb ist wahnsinnig. Ich werde etwas nervös. Dazu kommt, dass hier die Velofahrer im Verkehr die nervösesten Menschen sind, manche sind einfach rücksichtslos. Dabei schwärmt man doch weiter südlich in Europa von der tollen Velostadt Kopenhagen. Doch sie ist mir genauso unangenehm wie die rüpelhaften Velostädte Amsterdam und Rotterdam, von denen auch so geschwärmt wird; und ich hasse die Fußgängerzonen in deutschen Städten, weil auch dort Velorowdies herumrasen.

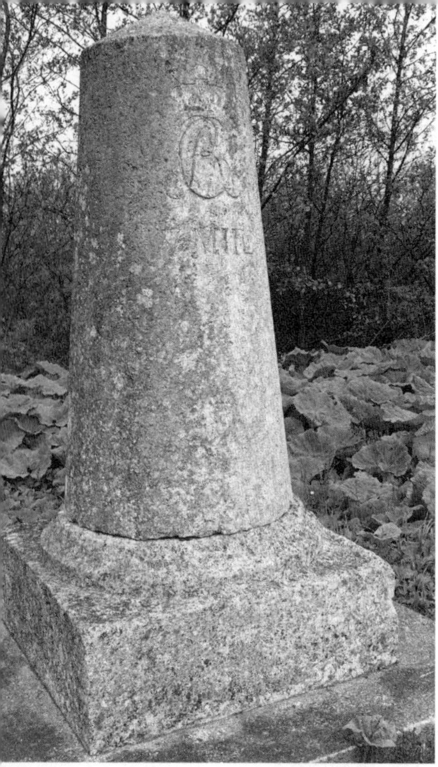

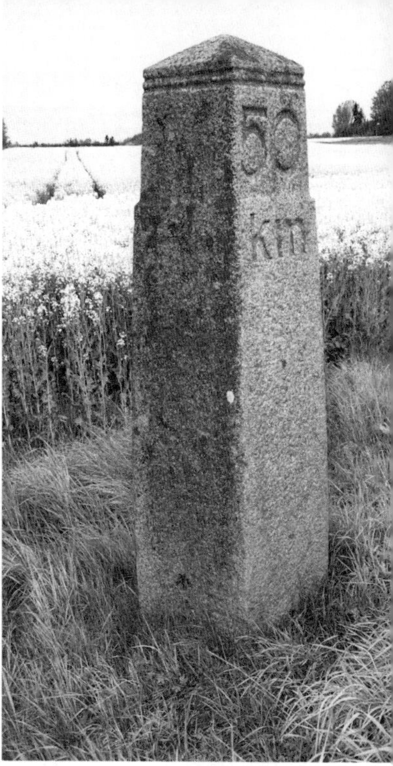
KM

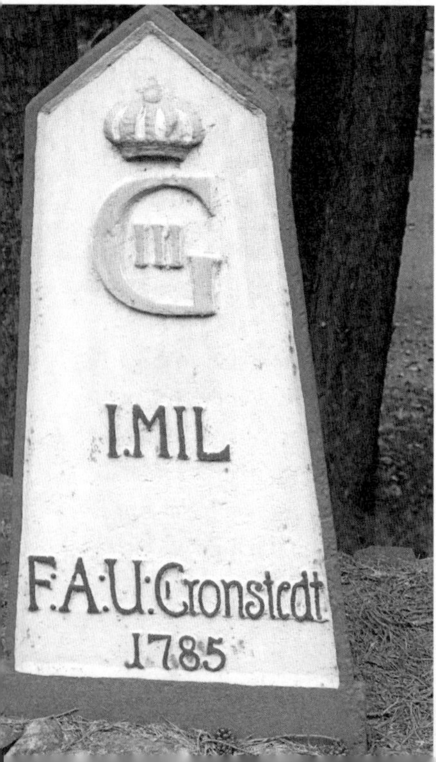
I.MIL
F.A.U:Cronstedt
1785

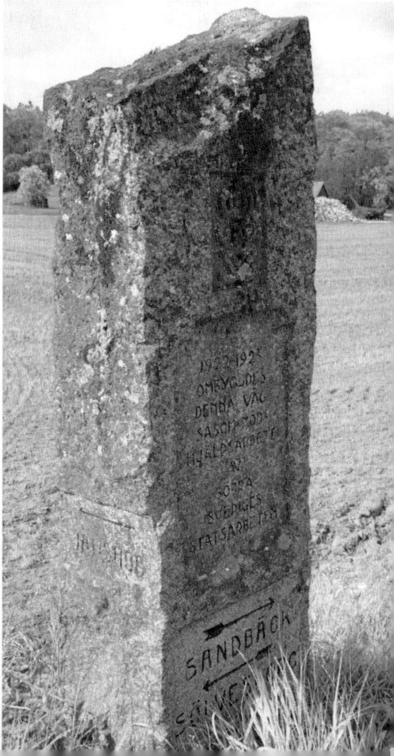

Ich bin etwas ratlos. Vorher dachte ich ans Zelten, das vergesse ich nun. Warum bloß bin ich so müde nach einer so kurzen Etappe? Ich frage mich durch zum Bahnhof. Eigentlich darf man Velos nicht in die Schalterhalle schieben, ich tue es doch und sehe, dass es viele andere auch tun, und das beruhigt mich in meinem Unrecht.

Ich erkundige mich nach Zügen in Richtung Ystad, Schweden. Die Frau am Auskunftsschalter informiert mich, dass ich einen Zug Richtung Kristianstad nehmen und weiß ich wo umsteigen solle. Weil ich gehört habe, dass der Velotransport in den Zügen der verschiedenen schwedischen Bahngesellschaften umständlich ist, frage ich, ob ich das Velo auch nach Schweden hinein bis Kristianstad mitnehmen dürfe, und sie bejaht.

Jetzt habe ich schon Hintergedanken, gemeine Hintergedanken. Ich fürchte mich vor der riesigen Agglomeration Kopenhagen-Malmö, denke, ich könnte eventuell im Zug bis Kristianstad reisen. Die Informationsfrau druckt mir den Fahrplan aus, ich brauche zum Überlegen ein Bier, gehe um die Ecke in eine riesige Bar, wo alle am Saufen sind. Sind die Dänen lebenslustiger als die Schweden? Ich hoffe es nicht, das heißt, ich hoffe, die Schweden seien noch lebenslustiger als die Dänen. Aber eigentlich hoffe ich gar nichts, gehe schauen, hören, erleben. Ich gehe also um die Ecke in die Bar, um bei einem Bier DIE Entscheidung des jungen Jahrhunderts zu treffen.

Die Bar ist riesig, die Bedienung schleppend, die angeschriebenen Preise stolz wie in der Heimat. Weil sich kein Barmann anschickt, mich nach meinen Wünschen zu fragen, gehe ich mit dem Geld zum Zapfhahn, zahle gleich und mache den Service selber. Auf dem Tresen habe ich jetzt das halbvolle oder halbleere Bier stehen, daneben liegt der ausgedruckte Fahrplan. Ich muss pinkeln gehen. Und weil ich schnell pinkle, bin ich bloß zwei, drei Minuten später schon wieder zurück.

Mein halbes Bier und der Fahrplan sind verschwunden. Ich werde hässig, dass der Service nur beim Abräumen so eilig ist und der Vertreibung des Gastes dient. Ich beschwere mich bei den Barmännern. Die sagen sorry und rücken wenigstens ein Entschädigungsbier heraus. Sie suchen in ihren hinterbarigen Abfallkübeln nach meinem Fahrplan, den sie weggeschmissen haben, ergebnislos. Ich gehe wieder an den Schalter und kaufe für morgen ein Billet nach Kristianstad; nein, zwei Billets, eines für mich, und eines für die Kleine Königin.

Ich muss ein Hotel finden. Die ersten zwei, in denen ich nach einem Zimmer frage, sind ausgebucht. Das dritte heißt Hotel du Nord, und das scheint mir ein logischer Name zu sein, denn ich steuere ja nach Norden. Sie haben noch ein Zimmer. Es kostet umgerechnet etwa 135 Franken, ist winzig. Und es ist egal. Ich miete es. Lange Dusche, Rasur.

Ich mache mich auf einen Stadtspaziergang. Kopenhagen schaut aus wie mittlerweile weiß ich wie viele Städte in ganz Europa. Überall werden dieselben Artikel berühmter Marken angepriesen, die Kebab-Pizza-Schuppen sind so allgegenwärtig wie das Wort Okay und alles schaut gleich aus. Ich könnte in Zürich, Mailand oder Stuttgart bleiben, müsste gar nicht nach Skandinavien reisen. Wieso reise ich also überhaupt hierher? Für eine Antwort ist es zu spät. Ich bin unterwegs. Da finde ich in Kopenhagen ein italienisches Restaurant, und die Lammkoteletten sind göttlich. Dann trinke ich einen Espresso und einen Grappa, spaziere zurück zum du Nord und schlüpfe im Hotelbett unter die Decke.

Im Hotel hängen an allen Wänden schön gerahmte Werbeplakate für französische Velos, gute, verträumte Jugendstil-Grafiken vom Anfang des Zwanzigsten Jahrhunderts. Noch nirgends habe ich eine so schöne Sammlung gesehen. Da hängt an den Wänden ein Vermögen an Kunstwerken. Hierher muss man die Velofahrer schicken. Außer diesen Velobildern hält mich nichts in Kopenhagen zurück.

Tag vier **Kopenhagen – Karlshamn**

Am Himmel sehe ich nicht eine einzige Wolke. Frühstück, Frühstückskultur, tolles Brot. Hering. Das Hotel ist voll, am Buffet entsteht ein Gedränge. Ich weiß, dass die Züge nach Schweden stündlich, immer um die Minute 52, abfahren. Weil ich mein Riesengepäck noch immer nicht im Griff habe, verpasse ich den 8:52er-Zug, fahre dann eine Stunde später. Von dem hochgelobten Øresund-Übergang ist vom Zug aus nicht viel zu sehen, weil die Schienen zwischen Schutzmauern durchführen.

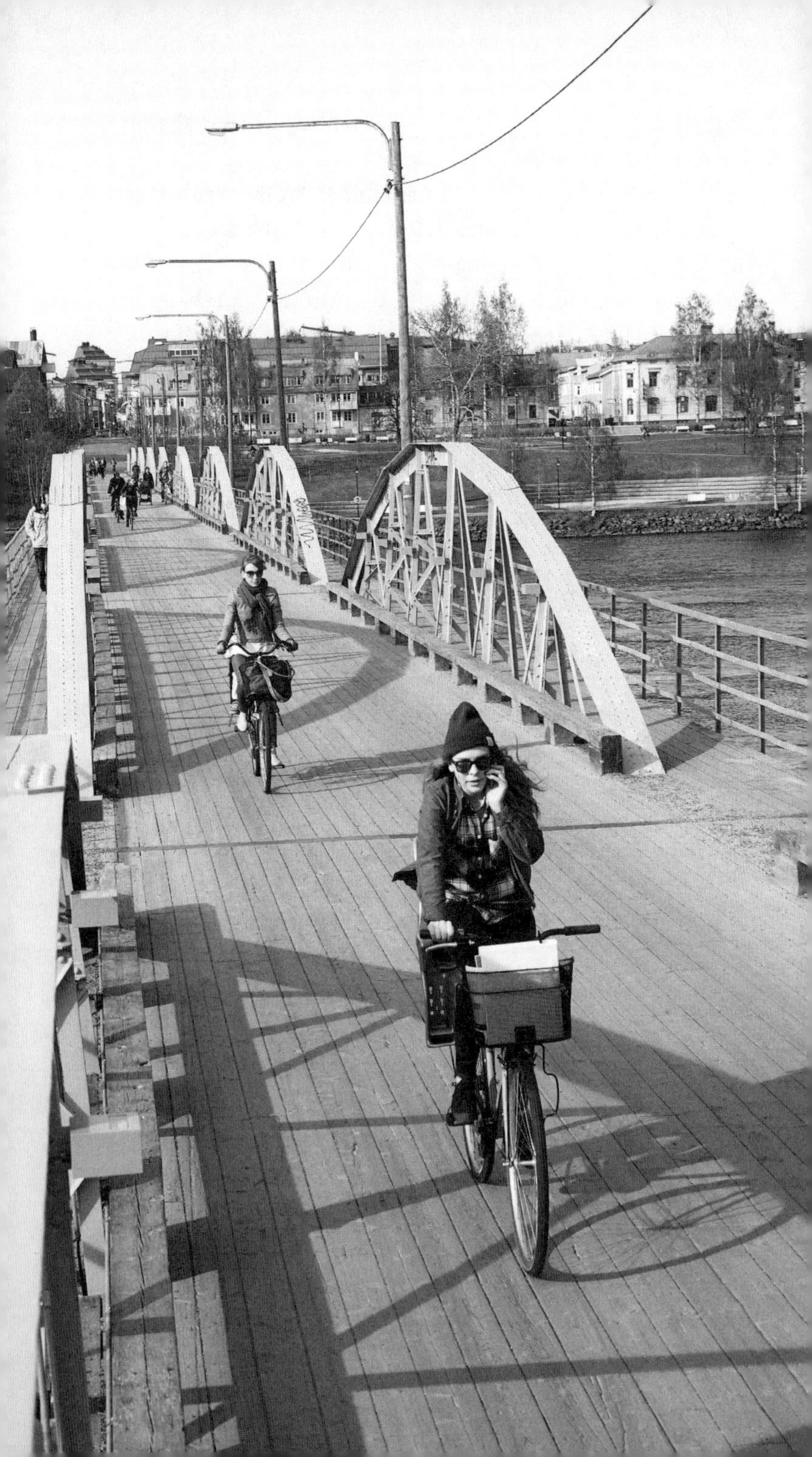

SCHWEDEN

Wos brauch' i
um Mitternacht a Sunn?

Helmut Qualtinger

Es öffnet sich wieder diese Weite, nunmehr diese schwedische Weite. Der Zug ist voll besetzt, am Flughafen Kopenhagen steigt ein Drittel der Passagiere aus, in Malmö das zweite Drittel, und ich bleibe dann mit dem letzten Drittel sitzen. Der Schaffner kontrolliert die Billets und bestätigt mir, in den meisten Zügen der verschiedenen schwedischen Eisenbahngesellschaften könne ich mein Velo nicht transportieren, was er sehr bedaure. Über die Ausnahmen müsste ich mich selber kundig machen. Der Zug fährt über Hässleholm, kommt dann in Kristianstad an. Ich will gleich losradeln, besinne mich dann eines Besseren und gehe ins Zentrum. Dort möchte ich mir ein wenig die Schweden anschauen, lande dann aber bei einem – Italiener. Ich bin hungrig und esse Pasta mit Pilzen. Dazu trinke ich Apfelsaft. Den gibt es hier im Offenausschank.

Ich suche den Weg nach Rinkaby und lande auf der Autobahn. Ich wende und verlasse sie, frage an einer Tankstelle, wie ich auf der Straße 118 nach Rinkaby komme. Man erklärt es mir genau, und ich finde den Weg. Da spricht mich neben der Tankstelle ein Lastwagenchauffeur an, wir haben ein freundschaftliches Gespräch. Ich sage, die Lastwagenchauffeure seien die besten Autofahrer, er will wissen, wie viele Kilometer am Tag ich fahre. Er sagt, er heiße Nicki und fahre Waren hin und her zwischen den Benelux-Ländern und Skandinavien.

Die schwedischen Autofahrer sind angenehme Zeitgenossen. In Rinkaby erreiche ich die schwedische Fernfahrroute für Velotouristen, deren Name, Cykelspåret heißt sie, mir noch nicht vertraut ist. Ich stelle fest, dass der Cykelspåret sehr gut ausgeschildert ist, immer auf guter Asphaltstraße. Ich Schweden-Anfänger beginne zu lernen, und die Veloroute ist schön angelegt. Das ist auch nicht schwierig, weil das Land so schön ist. Der Wind bläst. Seit der Mittagszeit ziehen Wolkenbänder am Himmel, Schatten und Sonnenschein wechseln sich im Zehnminuten-Rhythmus ab. Heute fahre ich eine tolle Etappe.

Die Schweden haben ein ähnliches Prinzip wie ihre dänischen Nachbarn. Fast überall gibt es, nebst dem Cykelspåret, parallel zu den Straßen Velopisten. Ich denke, ich werde in Karlshamn etwas essen, dann aber fahre ich weiter und überlege mir, ob ich wild zelten sollte. In Karlshamn sehe ich einen Wegweiser zu einem Zeltplatz und fahre die zwei Kilometer dorthin. Die Barriere ist geschlossen, die Réception ist unbemannt. Auf einem Schild steht eine Telefonnummer, die man anrufen soll. Das tue ich nicht. Da sehe ich einen Mann, der neben seinem Wohnmobil daran ist, auf einem Grill Fleischspieße zu braten. Ich gehe zu ihm und frage ihn, wie es wohl wäre, wenn ich das Zelt einfach aufstellen würde. Er sagt, ich solle die Nummer, die auf dem Schild bei der leeren Réception angeschrieben steht, anrufen. Ich lüge, ich hätte kein Handy. Also stelle ich das Zelt auf und radle zurück ins Städtchen, finde den Pub und das Restaurant Rex, bin froh, einen Moment an der Wärme zu sitzen.

An einer Bar frage ich einen Nachbarn nach schwedischen Wörtern, und er notiert sie mir auf einen Zettel. Fräulein heißt neiti, Herr heißt herra, Frau heißt rouva, die Schweiz ist Sveitsi, Deutschland Saksa.

Tag fünf **Karlshamn – Kalmar**

Jeden Morgen geschieht dasselbe: Ich erwache um sechs Uhr, schlafe noch einmal eine Stunde lang, bis die Sonne auf das Zelt scheint. Dieses wiederholte Einschlafen wird zum Ritual. Es ist kalt, der Himmel wolkenlos. Ich breche das Zelt ab, die Packerei geht schon in kürzerer Zeit vor sich als beim letzten Mal. Ich sehe, dass jetzt die Réception offen ist, dass dort ein Mann am Hantieren ist. Ich gehe zu ihm, wünsche einen guten Morgen und sage, dass ich gerne zahlen würde. Er fragt, ob ich geduscht hätte. Ich sage nein, denn zum Duschen müsste man ja einen Zahlencode eingeben, den ich nicht kannte. Dann sei das Zelten gratis gewesen, sagt er.

Ich fahre gemütlich los und überlege mir, wie ich den Tag so gestalten könnte. Wie, bitte sehr, soll ein Radler wohl seinen Tag gestalten? Indem er radelt. Ich stelle mir vor, ich könnte in Karlskrona etwas zum Essen einkaufen, weiterfahren, am Abend wild zelten und vor dem Zelt ein Feuerchen machen.

Es ist eine unendliche, eine langweilig mächtige Strecke unter einem mächtigen Himmel. So habe ich zum Fahren eine lange Strecke und eine lange Zeit vor mir, werde nicht abgelenkt durch sogenannt schöne Landschaften. Was ist das eigentlich, eine schöne Landschaft? In der westeuropäischen touristischen Ästhetik bedeutet schön wohl abwechslungsreich, einmal taucht ein Berg auf, dann leuchtet ein See, es folgt ein Wald, dann ein paar Hügel, wieder ein See und so weiter. In Sachen abwechslungsreiche Landschaft ist die Schweiz ein sehr anstrengendes Land, weil sich das Bild, selbst wenn man auf einem Velo fährt, von Minute zu Minute verändert. Schweden ist landschaftlich erholsam, weil sich die Kulisse ringsum nur sehr langsam und wenig verändert. In diesen landschaftlichen Ausmaßen bekommt das Radeln etwas Meditatives, die Langeweile etwas Angenehmes.

Velofahren ist, so heißt es gemeinhin, etwas Sportliches. Velofahren ist gut für den Körper, klar, es regt den Stoffwechsel an, ist gut für die Figur. Doch Velofahren ist auch Nachdenken, Erinnern. Und am Abend ist Velofahren Schreiben, automatisches Schreiben, so, wie am Tag das Pedalen automatisch war. Der Sport aber ist beim Velofahren bloß eine willkommene Nebenerscheinung.

Nachdenken, unsinnige Rechnungen anstellen darüber, wie lange man bräuchte, um auf dem Velo rund um die Welt zu radeln, oder wie lange man zum Mond unterwegs wäre.

Erinnern, minutenlang an einem vergessenen Namen herumstudieren. Ich frage mich, wie viele Schwedinnen und Schweden ich eigentlich kenne, außer natürlich meinem Zahnarzt, der vor zwanzig Jahren in die Schweiz eingewandert ist. Viel früher, als ich achtzehn Jahre alt war, lernte ich während der Skisportwoche in Gletschkrachen die etwas ältere Schwedin Gudrun kennen, die mir sehr gefiel. Tagsüber war ich ihr Skilehrer und zeigte ihr, wie man richtig den Hang hinunter wedelt. Am Abend brachte sie mir im Nachtklub bei, wie man eng aneinandergeschmiegt tanzt. Gudrun hatte ganz schwarze Haare und flüsterte mir ins Ohr, sie sei eigentlich blond, aber sie hätte ihre Haare schwarz färben lassen. Ich sehe Gudrun vor mir und überlege, ob ich damals über sie im

Tagebuch geschrieben habe. Das macht also schon zwei schwedische Menschen. Da kommt mir noch eine Schwedin in den Sinn. Eine halbe Stunde oder zwölf Kilometer lang denke ich nach, bis mir ihr Vorname wieder einfällt: Pernilla. Ich arbeitete mit ihr zusammen in einem Reiseunternehmen für Trekkingtouren, sie war gut zu Fuß und hatte einen lustigen schwedischen Akzent, wenn sie Schweizerdeutsch sprach.

Die jetzt schmalere Straße führt durch hübsche Dörfer mit putzigen Häuschen, in denen kein Mensch draußen zu erblicken ist. Das Bild ist sommerlich, der Wind fast winterlich. Ich ziehe Textilschichten an und wieder aus.

Auch in Karlskrona ist es zugig. Ich frage einen jungen Mann nach einer Beiz, er erklärt mir, wo ich sie finde. Er fragt mich, woher ich komme. Ich sage es ihm, und er gibt mir die Hand, sagt, er heiße Hassam, und »Welcome to Sweden«. Er stammt aus Ägypten. Die Ägypter sind die freundlichsten Schweden.

Ich finde die Kneipe, dann kommt mir beim Mittagessen die Idee, bis Kalmar durchzufahren, und, statt selber zu kochen, auch dort in eine Kneipe zu gehen. Ich mache es, radle meistens im Gegenwind. Der Gegenwind ist kein Thema mehr, der Gegenwind bläst einfach.

Um acht Uhr bin ich losgefahren, um sieben Uhr abends komme ich in Kalmar an. Ich gehe ins schickste und wie ich glaube einzige Hotel und zum Nachtessen zu einem Italiener. Die Italiener sind Schwedens gastronomischer Segen. Man serviert mir eine sehr gute Pizza.

Ich muss aufs WC. Wie ich wieder herauskomme, sehe ich im Gang eine Garderobe, davor einen Tresen, wie in einem Theater. Auf dem Tresen liegen verschiedene Sachen, die, so denke ich, von Gästen vergessen wurden. Da liegt auch ein Paar Winterhandschuhe von der Marke Thinsulate. Sie sind sehr elegant, ich glaube, es sind Damenhandschuhe. Ich probiere sie an, sie passen, und ich lasse sie mitlaufen.

Tag sechs	**Kalmar – Oskarshamn**

Ich habe geträumt, vom Skifahren mit der schwarzhaarigen Schwedin Gudrun, damals, in Gletschkrachen. Im Traum sage ich ihr immer wieder, beim Wedeln solle sie nicht ins Tal hinunter, sondern waagrecht zum Horizont schauen. Ich erwache, es ist schon grelle Morgenfrühe, und ich schlafe wieder ein, erwache abermals, und es ist halb sieben. Dann gibt es Frühstück. Am Nebentisch sitzen vier ernste Russen, die sehr leise sprechen, als ob sie fürchteten, ich könnte sie belauschen, dabei verstehe ich ja kein Wort Russisch. Doch das wissen sie nicht.

Kurz nach acht Uhr fahre ich los. Ich spüre keine Energie, frage im Bahnhof aus Blödsinn, ob es Züge gebe nach Oskarshamn. Die Schalterdame sagt Nein, aber da vorne beim Bahnhof führen Busse dorthin, und die nähmen Velos mit. Die Busse sind mir egal, und ich radle los. Ich habe Mühe, meine Veloroute, den Cykelspåret, zu finden, verliere immer wieder die Orientierung, weil die Schilder fehlen oder ich sie nicht sehe. Überhaupt habe ich mit dem schwedischen Cykelspåret-System Mühe. Wer von A nach B fahren will, tut das am besten auf der direkten Linie zwischen beiden Punkten, doch der Cykelspåret schickt mich auf einen komplizierten, viel längeren Zickzack-Kurs. Ich habe den Eindruck, das haben die Schweden den Deutschen abgeschaut, oder umgekehrt, denn auch die deutschen Verkehrsplaner schicken die Radler auf umständlichen Nebenwegen durch Siedlungen am Rand, um Sportplätze und Hühnerhöfe herum. Es wäre logischer, die motorisierten Verkehrsteilnehmer machten diese Slaloms, dann hätten die Radler den direkten Weg von A nach B frei. Es scheint, dass die Routenplaner sich nicht vorstellen können, dass auch jemand auf dem Velo vorwärtskommen möchte. Ich möchte aber gerne vorwärtskommen, und deshalb radle ich.

Lange ist die Landschaft von grandioser Eintönigkeit, was auch heute beruhigend wirkt, dann wird die Topografie hügelig, immer wieder glitzert Wasser, und ich fotografiere ziemlich viel. In Mönsteras, welch schöner Name, spüre ich, dass es Mittag sein muss, denn ich bin hungrig. Ich muss lachen über meine radfahrerische Einfachheit: Wenn die Sonne hoch steht und der Radfahrer hungrig ist, weiß er, dass es Mittag ist. Manchmal macht er den Test, hält mit knurrendem Magen an und findet die Uhrzeit heraus, und stets bestätigt sich, dass es ungefähr Mittag ist. Ich mag nicht mit einer Armbanduhr fahren. Ich habe Freunde, die beim Velofahren immer wieder auf ihre Uhr schauen. Mir macht es

Spaß, die Uhrzeit zu schätzen. Um sie genau herauszufinden, muss ich am Kilometerzähler herumdrücken, und dazu muss ich vorher absteigen, denn der Zähler ist unter dem Sattel angebracht. Es ist also ziemlich aufwendig, die Zeit herauszufinden, und ziemlich überflüssig, denn hier leuchtet der Tag fast rund um die Uhr. Außerdem ist das Magenknurren ja pünktlich. Ich finde ein Café, in dem es ein Mittagsbuffet gibt, für 89 Kronen. Da bin ich dabei. Ich esse viele Kichererbsen und Linsen, habe plötzlich große Lust auf all diese Hülsenfrüchte, trinke dazu irgendeinen Sirup.

Auch die Schweden sind nicht so grußfreudig. Im salonartigen, etwas muffigen Lokal sitzen schon ein paar Herrschaften, alle Tische sind besetzt. Als ich eintrete und fröhlich heihei in die Runde sage, schweigen alle befremdet. An einem Vierertisch sitzen zwei Damen, die eine nimmt ihre Tasche weg und bietet mir einen der zwei freien Stühle an. Ich komme herein wie aus dem Winter und mir fällt auf, wie sommerlich leicht diese Damen gekleidet sind. Die eine trägt einen ziemlich kurzen Rock und hat sogar nackte Beine, wie im Sommer, allerdings mit etwas Hühnerhaut. Das kann ich kaum glauben: blutte Beine bei dieser Kälte. Ich gehe ein paarmal hin und her zwischen dem Tisch und dem Buffet, denke immer Hülsenfrüchte, Hülsenfrüchte. Dann sage ich der Dame mit dem kurzen Rock, dass ich sie sehr bewundere dafür, dass sie bei dieser kühlen Witterung mit blutten Beinen unterwegs sei und dass ich vorhin die blutten Beine auf dem Velo kaum eine halbe Stunde ausgehalten und sie dann wieder eingepackt hätte und heute sogar den ganzen Morgen mit den Winterhandschuhen, die ich gestern gefunden hatte, gefahren sei. Sie antwortet, dass nun bald der Sommer komme und sie sich so auf ihn vorbereite, und sie lacht. Ich erwidere, dass die Schwedinnen halt schon starke Frauen seien. Sie sagt, sie seien nicht Schwedinnen, sondern Polinnen. Was, Polinnen!? Ich frage sie, ob sie ihren polnischen Schriftsteller

Kapuściński, Ryszard Kapuścínski, kennen, doch der Name sagt ihnen nichts. Dann frage ich nach einem anderen polnischen Schriftsteller, nach Gombrowicz, Witold Gombrowicz, doch auch von dem haben sie noch nie gehört. Ich lobe das Tagebuch des Gombrowicz, und dann frage ich sie, ob »Fahrrad« auf Polnisch tatsächlich »rover« heiße, was sie lachend bestätigen. Warum lachen sie? Wenn alles nach Plan verläuft, werde ich in etwa sechsundvierzig Tagen in Polen ankommen, auf der anderen Seite der Ostsee. Ich rufe »Cześć!«, und sie winken mir zum Abschied.

Ich fahre weiter und in die Irre, gerate zu einer riesigen Fabrik, in der sie Holz zu Spanplatten verarbeiten. Nach einer Ehrenrunde, das heißt einem Irrweg von etwa fünfzehn Kilometern, komme ich in Forsa wieder auf die geplante Route. Diese führt durch einen Wald, in dem die meisten Tannen vor kurzer Zeit abgeholzt worden sind. Links und rechts sind immer wieder wahre Wald-Schlachtfelder zu sehen, auf denen die Holzfäller die Äste der Bäume haben liegen lassen. Die Äste liegen herum wie abgehackte Gliedmaßen, es duftet so intensiv nach Harz, dass einem beim Einschnaufen fast die Nase brennt. Diese Schlachtfelder mit den abgewürgten und abgehackten Kreaturen sind so unheimlich, dass ich es vermeide, anzuhalten. Für meine Sentimentalitäten ist hier kein Platz. Die Schweden haben so viele Wälder, dass sie sie einfach industriell abholzen. Auf schnurgerader Straße durch die Schlachtfelder erreiche ich Oskarshamn, fahre zu einem Campingplatz. Der kostet 150 Kronen. Zum Kostenvergleich: Ein Bier kostet 40 Kronen.

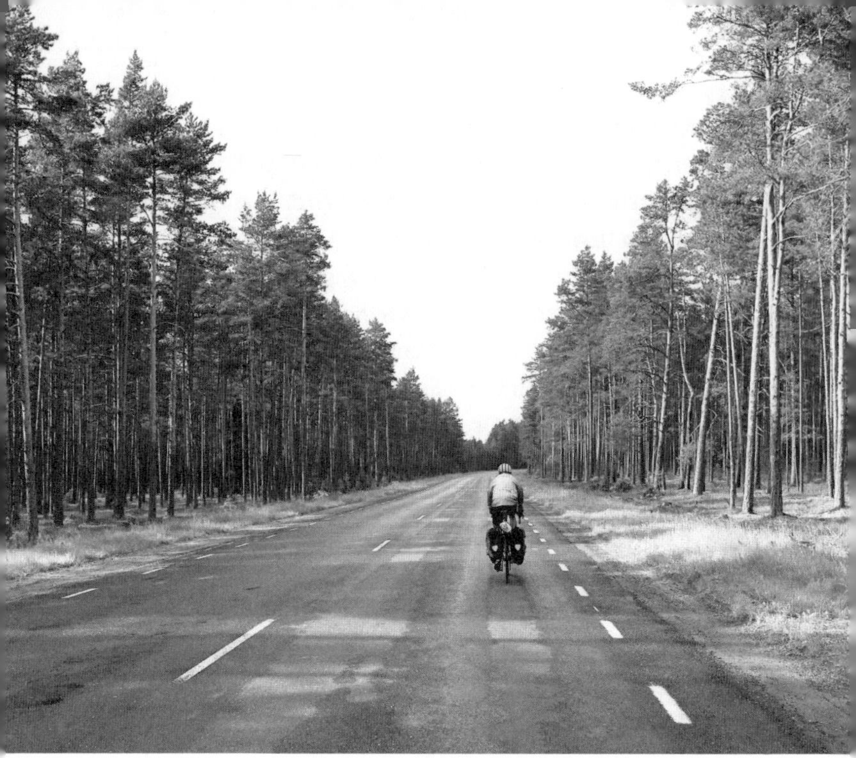

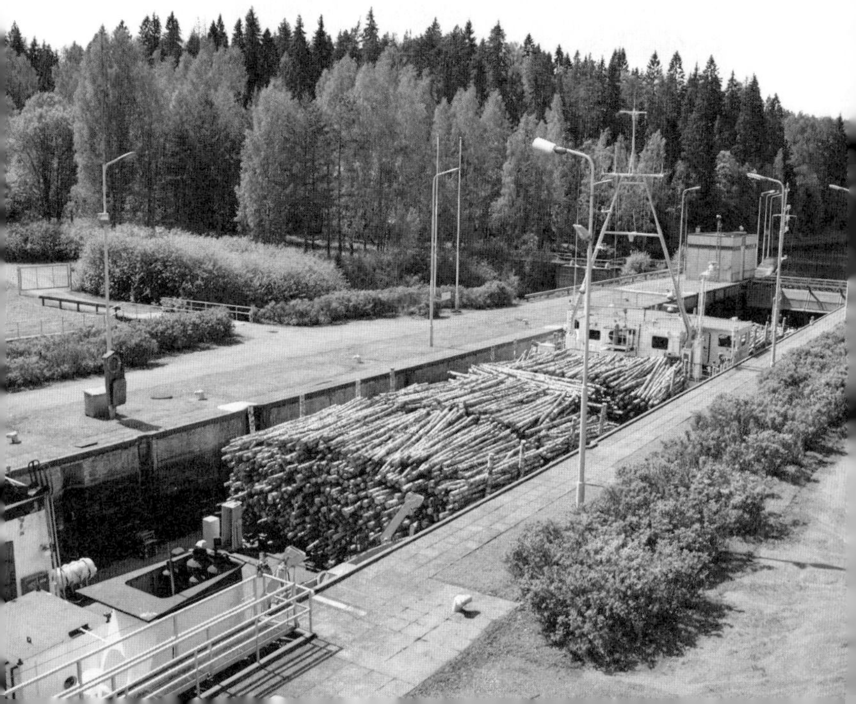

Tag sieben **Oskarshamn – Valdemarsvik**

Der Himmel ist bedeckt, die Sonne kommt nicht durch. Ich mache Kaffee, doch der wird diesmal, im Morgenwind, nur lauwarm. Ich trinke und genieße ihn dennoch. Das Abbrechen des Zelts und das Packen gehen in immer kürzerer Zeit vor sich. Da höre ich einen Kuckuck rufen, ganz nahe muss er sein, doch ich kann ihn nicht erblicken. Es ist sechs Grad kühl. In der Stadt folge ich zuerst den Velorouten-Schildern, dann verliere ich sie oder interpretiere sie falsch. Das sind schon die ersten Umwege und Zusatzkilometer. Westlich von Saltvik hören die Wegweiser auf. Ich fahre ein Stück auf der Europastraße 22, und das geht gut. Wo soll denn Europa sein? Dann sehe ich wieder Veloroutenzeichen und folge ihnen. Sie führen nach Krisdala. Die Schilder stimmen nicht überein mit meiner Cykelspåret-Karte, die ich fotokopiert habe. Dabei ist die Straße hierher Cykelspåret-würdig, führt schön durch den hügeligen Wald. Ich spüre starken Hunger, es muss also Mittagszeit sein, sehe nirgends eine Kneipe, dafür aber einen kleinen Supermarkt. Ich kaufe zwei Bananen, Brot, Biscuits und eine Flasche Wasser.

Auf dem Dorfplatz picknicke ich, esse das erste Stück von der Riesenwurst, einem vierzig Zentimeter langen Landjäger, den Vera und Marc mir am Fest vor vierzehn Tagen geschenkt haben. Bevor ich ins Dorf gekommen bin, habe ich einen Wegweiser nach Västervik gesehen. 64 Kilometer. Auf diese Straße zieht es mich. Sie führt durch ein Wald- und Teichland, hat kaum Verkehr. In Ankarsum komme ich auf die Hauptstraße 33, die bringt mich zurück auf die Europastraße 22. Das Wort Europastraße macht mich nervös, doch ich biege auf sie ein. Diese Europastraße, diese Autostraße, diese Kraftfahrstraße ist meine Chance.

Ich gelange zu ein paar angekündigten Video-Kameras und werde noch nervöser. Darf ich überhaupt mit dem Velo auf dieser großen Straße unterwegs sein? Ich fahre vorbei an den Kameras, und die filmen mich wohl. Wozu wären sie sonst am Straßenrand montiert? Irgendwo in irgendeinem Büro schauen Beamtinnen und Beamte am Bildschirm, wie der Verkehr schön brav durch die Gegend rollt, wie ich, vielleicht weniger brav, durch die Gegend eiere. Nach der zehnten Kamera denke ich: Wenn ich in der Illegalität wäre, ginge es nicht lange, und die Polizei wäre bei mir.

Da kommt mir ein Polizeiauto entgegengefahren, und ich bekreuzige mich. Das Bekreuzigen hat mich schon oft aus unangenehmen Situationen befreit. Oh, wäre ich doch als Katholik auf die Welt gekommen!

Dann denke ich wieder an die armen Beamtinnen und Beamten an den Bildschirmen, die sich stundenlang, tagelang denselben Film anschauen müssen und, solange nichts Aussergewöhnliches passiert, eine furchtbar langweilige Arbeit haben. Ich beginne nun jedes Mal, wenn ich auf eine Kamera zufahre, freundlich grüßende Handzeichen zu geben. Dann fahre ich freihändig, strecke die Arme in die Höhen bewege sie so wie ein fliegender Vogel seine Flügel auf und ab. Schließlich stelle ich die gespreizten Hände mit den Daumen so an den Helm, dass es aussieht wie das Geweih eines Elchs. Bei jeder Kamera versuche ich, eine neue Kapriole zu erfinden und aufzuführen und hoffe, so den armen Beamtinnen und Beamten ein wenig Spaß und Abwechslung zu verschaffen. Doch vermutlich schaut kein Schwein zu, kein Vogel, kein Einhörnchen und auch kein Elch. Die Autofahrer sind höflich, niemand scheint heute etwas gegen mich auf der großen Straße zu haben. Es rollt so gut, dass ich die Idee, hinter Västervik wieder auf den Cykelspåret einzubiegen, verwerfe. Ich bleibe also auf der E 22, denke zuerst, ich fahre auf ihr bis Gambleby.

An der Abzweigung hinein nach Västervik ist eine türkische Kneipe. Da kehre ich ein. Die Wirte sind nette Leute, das

Essen ist gut. Ich stelle fest, dass nun die italienischen Kneipen spärlicher werden und allmählich von türkischen Restaurants abgelöst werden. So oder so: Die Türken, die Italiener und die Ägypter sind die freundlichsten Schweden.

Da lese ich auf dem Schild, dass es bis Valdemarsvik noch 64 Kilometer sind. Aber 64 Kilometer, das hieß es doch vorhin auch schon. Der Name Valdemarsvik fasziniert mich, und das ist wiederum so eine kindische Geistesübung eines irren Radlers, dass ich nun eine halbe Stunde lang Valdemarsvik, Valdemarsvik, Valdemarsvik in aller Lautstärke in den Himmel hinauf rufe. Valdemarsvik, Valdemarsvik, nach Valdemarsvik will ich fahren. Also geht es nicht nach Gambleby, vergiss Gambleby. Ich bloche nun auf der Europastraße 22 nordwärts, weg von Europa, nur weg von Europa, das ist mein Ziel, und Valdemarsvik, Valdemarsvik, Valdemarsvik. Ich denke, heute möchte ich wieder einmal in einem Hotel übernachten. Ich habe das Etappenziel erreicht, komme zu einem Hotel, das geschlossen ist, auf dessen Schild am Eingang aber geschrieben steht, ankommende Gäste sollten die untenstehende Telefonnummer anrufen, doch das verweigere ich auch diesmal. Ich fahre etwas weiter, über einen Hügel, dort ist ein anderes Hotel, ebenfalls mit einer angeschlagenen Telefonnummer.

Es gibt aber zum Glück ein Camping. Ich habe den Wegweiser gesehen. Die Hotelwirte verlieren einen Gast, der Campingwart gewinnt einen. Jetzt aber sitze ich erst einmal in der Kneipe bei der Bowlingbahn. Die Wirtin redet Englisch mit dem selben Akzent wie Melina Mercouri. Der tiefe, rauchige Klang ihrer Stimme gefällt mir. Melina fragt mich, ob ich schon eine Unterkunft hätte. Ich antworte nein. Melina sagt nun, sie könnte den Wirt des Bed and Breakfast ganz in der Nähe anrufen, der sei sicher da. Draußen regnet es nun, ich weiß ungefähr, wo das Camping ist, doch die Vorstellung, jetzt im Regen das Zelt aufzustellen, ödet mich an. Also bitte,

Frau Melina, rufen Sie den B & B-Wirt an. Sie tut es, und schon habe ich ein Zimmer, fahre im Regen zum B & B, wo der Wirt auf mich wartet. Das Velo bleibt draußen unter einem schmalen Vordach. Dann kehre ich zurück zu Frau Melina und esse ein Stroganoff.

Bilanz, Bilanz: Ich muss die Velorouten des Cykelspåret vermischen mit Fahrten auf den großen Straßen, sonst schaffe ich es nie bis hinauf nach Haparanda, ganz im Norden des Bottnischen Meerbusens. Oder noch besser: Ich spare mir die komischen Zickzack-Velorouten auf dem Cykelspåret ganz. Sollen doch die bleden Autos im Zickzack fahren, und ich fahre geradeaus zu meinem Bottnischen Nordpol.

Ich bin ein wenig stolz auf die Etappe. Heute habe ich mit eintausenddreihundert bisher am meisten Höhenmeter an einem Tag geschafft. Und auch heute habe ich über Land nicht einen einzigen Velofahrer gesehen, weder in meiner noch in der entgegengesetzten Richtung.

Tag acht	**Valdemarsvik – Stockholm**

Es hat die ganze Nacht geregnet, und es regnet heute Morgen. Oh, ich brauche ein bisschen Mut zum Aufbruch. Im Bett habe ich etwas gefroren, weil das Duvet ziemlich dünn war. Also Mut und los! Es ist am Anfang vier Grad kühl. Die Straße ist nass, eine Weile regnet es leicht, dann nicht mehr. Ich werde meinen Vorsätzen untreu, praktiziere abermals die Mischung aus Cykelspåret und Hauptstraßen, nehme dann aber die Europastraße E 22 bis nach Söderköping, und das geht sehr gut. Der Verkehr ist wohl weiter südlich in Europa zurückgeblieben. Weil heute die Mischung so gut gelingt, bin ich für die nächsten Etappen in optimistischer Verfassung. In Söderköping biege ich rechts ab und folge dem

Cykelspåret bis zur Fähre. Das ist gut, das ist die zweite Fähre auf der Reise, eine willkommene Abwechslung. Dahinter weiche ich wieder von der Veloroute ab, bin auf einer Hauptstraße. Die ganze Zeit habe ich einen kräftigen, eiskalten Gegenwind, der mir sehr zusetzt. Ich esse vom Proviant, den ich neulich eingekauft habe, nirgends gibt es eine Kneipe, keinen Italiener und keinen Türken. Gerne wäre ich jetzt eine halbe Stunde lang in einem warmen Raum. Etwas weiter, endlich, erscheint am rechten Straßenrand eine Kneipe. Als ich ankomme, reiche ich ihm die Hand und sage, dass ich sehr, sehr hungrig sei. Der Wirt ist aus einem arabischen Land und macht einen sehr guten Kebab. Er spricht Englisch und auch Deutsch, fragt mich, woher ich sei. Er sagt, er werde in drei Wochen in die Schweiz fliegen, dort nach Horgen und Rapperswil fahren, wo er Verwandte habe. Mit Schweden komme ich kaum ins Gespräch, mit Italienern, Türken und Arabern sofort. Auch heute finde ich, die Italiener, Türken und Araber seien die nettesten Schweden. Dazu kommt, dass sich die Schweden fast nur in Autos fortbewegen und in der Öffentlichkeit nicht zu sehen sind. Mein einziger halbwegs öffentlicher Raum sind die Kneipen, und die werden nur selten von Schweden geführt. Es ist eine eigenartige Welt, durch die ich da fahre.

Die letzten zwanzig Kilometer nach Nyköping sind eine Qual. Ich überlege: Bis nach Stockholm schaffe ich es heute nicht. Ich könnte also in Nyköping übernachten und morgen nach Stockholm radeln.

Dann kommt mir die Idee, die ketzerische Idee, ich könnte in Nyköping nachfragen, ob es einen Zug nach Stockholm gebe. Ich frage mich durch zum Bahnhof. Der ist ganz hübsch, doch es gibt keinen Schalter. Ich dachte, ich würde mich an den Schalter stellen und fragen, ob ich in einem Zug nach Stockholm einsteigen und mein Velo einladen könne. Aber eben: Im Bahnhof gibt es keinen Schalter, und nirgends ist eine Bahnperson zu erblicken. Ich frage vier Menschen in der Halle, wie das sei mit dem Velotransport. Drei Personen wissen es nicht, der Vierte sagt, Velotransport sei nicht möglich.

Jetzt sehe ich den Billetautomaten. Da kriege ich mein Billet heraus, was nur mit der Kreditkarte möglich ist. Ich drücke auf den Informationsknopf, doch das Wort Velo taucht da nirgends auf, auch nicht auf Englisch. Nun frage ich eine fünfte Person, einen Mann, der sein Smartphone herausholt, darauf herumtippt und mir sagt, dass Velotransport auf den Königlichen Schwedischen Eisenbahnen nicht möglich sei. Danke, das wusste ich schon.

Da kommt schon unser Zug nach Stockholm, ich schiebe das Velo auf Gleis sechs, das einzige befahrene Gleis. Ich halte Ausschau nach Bahnpersonal, doch auch hier ist keines vorhanden. Ich lade das Velo ein, demontiere das Vorderrad. Der Zug ist so rüttelig wie bei uns die Züge vor fünfzig Jahren.

Während der Fahrt kommt eine Kondukteuse, ich zeige ihr mein Billet und sage ihr, das Velo dort hinten an der Stange sei meines. Sie sagt, das ginge eigentlich nicht, dass ich da mein Velo einfach so einlüde, weil der Zug aber so spärlich besetzt sei, gehe es heute ausnahmsweise nun doch. Merci!

Draußen ist es immer noch gleich grau wie schon den ganzen Tag. Wir kommen in Stockholm an. Das ist eine riesige Stadt. Ich steige aus, baue das Velo zusammen und frage am Informationsschalter, wo ich wohl ein Zimmer finden könnte. Die Schalterdame sagt mir, ich würde nirgends ein Zimmer finden, weil Stockholm nämlich ausgebucht sei. Sie verweist mich an eine Straße, an der viele Hotels stünden, dort könnte ich es versuchen. Ich fahre hin. Zuerst fahre ich vorbei an einem Hostel, das ich unter meiner Würde finde, aber irgendwie registriere. Nach vier Absagen von vier Réceptions lande ich wieder bei dem Hostel und bekomme das letzte Bett in einem Zehnerschlag. Das passt. Das Velo kann ich in einem Gepäckraum abstellen. Ich finde eine Beiz. Mir gegenüber isst einer vor dem geöffneten Notebook. 21 Uhr.

Ich fürchtete mich ein wenig vor dem Hostel, das sich als sehr sympathisch herausstellt. Ich glaube, ich bin der älteste Gast. Im Zehnerschlag ist eine junge Luzernerin, die mit Interrail in ganz Europa herumreist. Sie sagt, sie hätte den letzten Schweizer in Wien gesehen. Ich habe gute Lammkoteletten gegessen, schon wieder Lammkoteletten, dazu guten Shiraz aus Argentinien getrunken. Ich schlafe tief.

An der Réception arbeitet Montserrat, eine Katalanin, um die sechzig Jahre alt, die vor vierzig Jahren nach Schweden ausgewandert ist.

Tag neun **Ruhetag in Stockholm**

Wie mit Montserrat abgemacht, bringe ich das Velo um sieben Uhr morgens hinaus und schließe es an das Abflussrohr, das vom Dach senkrecht herunterführt. Nach dem Velo-Umzug lege ich mich wieder ins Bett, schlafe bis um zehn weiter und verpasse so das Frühstücksbuffet. Das ist egal, dann bekomme ich in einem Café um die Ecke einen Cappuccino.

Es ist grau und kalt, es regnet. Ich denke, so sei die Planung perfekt. Monserrat macht mir das Angebot, für die zweite Nacht in einen Viererschlag zu zügeln, ich akzeptiere gerne. Im Zehnerschlag ist außer mir nur noch ein einziger Bursche am Schlafen. Ich hänge das Zelt zum Trocknen auf, dann ziehe ich um.

Ich mache mich auf zu einem langen Spaziergang durch die Stadt, gehe auf die Insel Gamla Stan, auf der auch das Königsschloss steht. Daneben ist der Reichstag, alle Gebäude hier sind prächtig und riesig. Der Touristenrummel ist intensiv, ich gehöre zu ihm, zu dem Rummel, denn auch ich bin ein

Kustlinjen →

Näckrosleden →

Cykelspåret →

Tourist. Ich merke, dass ich müde bin, generalmüde. Für eine Generalmüdigkeit ist es früh, nach nur neun Tagen. Habe ich zu lange Etappen gemacht?

Ich sehe das Alfred-Nobel-Museum, gehe hinein und bin enttäuscht. Über den Herrn Nobel erfahre ich wenig, dafür widmen sich einige Räume anderen, kommerziellen und wissenschaftlichen Themen, die mich so kalt lassen, dass ich deren Inhalte schon kurz danach vergessen habe.

Ich lande dann, natürlich, bei einem Italiener, trinke einen Weißwein, trinke einen Rotwein, esse Spaghetti alle vongole. Es ist doch komisch, mit wie wenigen Schweden ich in Kontakt komme. Immer, wenn ich sie anspreche, reagieren sie verhalten, stellen keine Frage, zeigen kein Interesse.

Ich wandere zurück ins Hostel und schlafe bis um sieben Uhr. Dann mache ich noch einmal eine lange Stadtwanderung, durch eine Fußgängergasse. Der Himmel klart auf, die Straßen sind schon trocken. Ich lande bei einem Chinesen, bin wieder sehr hungrig, esse ein sehr gutes Rindfleischgericht, trinke Starkbier, wie sie es hier nennen. Um halb neun Uhr fällt die Nacht herein. Morgen will ich weiterfahren. Der Wetterbericht ist gut, und es soll wärmer werden.

So richtig geregnet hat es bisher noch nie. Mir ist aufgefallen, wie trocken die Erde ist. An manchen Orten habe ich gesehen, dass sie die Felder mit Sprühanlagen zu ihrem Regen kommen lassen. Dann: Selbst auf der Europastraße E 22 sehe ich keine Spur von Kanalisation, Regenrinnen, Senklöchern und dergleichen, wie man sie in der Schweiz überall antrifft. Es ist also möglich, dass es hier viel weniger regnet als in der Schweiz.

Tag zehn **Stockholm – Norrtälje**

Mit dem Aufbruch habe ich es heute nicht so eilig. Ich zahle für das Frühstücksbuffet sechzig Kronen und genieße es. Auch gestern Abend durfte ich das Velo in einen Abstellraum im Innern des Hauses hereinnehmen. Übrigens sind die Schlafräume des Hostels unterirdisch, ohne Tageslicht, aber gut belüftet. Die Lüftung summt leise, man kommt sich vor wie in einer Schiffskabine.

Vor dem Hotel baue ich mein Velo zusammen, montiere die Sacochen, putze und öle die Kette. Dann spaziere ich los und fahre dann zuerst genau in die falsche Richtung. Ich frage mich durch nach Täby und handle mir den ersten Umweg ein. Wieder frage ich am Rotlicht die Autofahrer und finde Cykelspåret-Wegweiser, verliere sie wieder und fluche. Stockholm scheint mir unendlich riesig zu sein.

Die gestrige Wettervorhersage stimmt nicht ganz, denn es beginnt zu regnen, und zwar zünftig. Zudem führt der Cykelspåret, den ich wieder gefunden habe, jetzt für ein paar Kilometer über einen Naturweg. Es knirscht und es spritzt. Es ist sehr mühsam. Unterwegs finde ich eine Beiz, esse dort einen sehr guten Fischkuchen. Fischkuchen? Ich wusste gar nicht, dass es das gibt, Fischkuchen, und esse den ersten Fischkuchen in meinem Leben. Ich bin platschnass hereingekommen und verdrecke den ganzen Boden. Die Stühle haben ein ziemlich edles Kunstleder, das mache ich nass mit meinem Hintern und danach, als ich aufgestanden bin, sieht es aus, als ob jemand im Sitzen auf dem Stuhl gepinkelt hätte.

Gegen Ende der Mahlzeit hört der Regen auf, ich fahre weiter, die nassen Kleider trocknen langsam, ich bin dankbar. Bis Åkersbergen ist es viel weiter, als ich gedacht habe, dort nehme ich die Hauptstraße 276. Die wird intensiv befahren, doch die Autofahrer und ich kommen zurecht.

Meine neu erworbenen Handschuhe sind so platschnass, dass ich sie kaum noch aus- und anziehen kann, ohne sie zu beschädigen. Da kommt der Regen noch einmal, doch nicht ernsthaft, immer wieder scheint zwischendurch die Sonne, und ich bin so froh. Bei der Einfahrt nach Norrtälje frage ich einen großen Schwedenbären nach Hotels in der Stadt. Er sagt, ich solle über die Fußgängerstraße hinunter ans Meer fahren, dort sei ein tolles Hotel. Ich denke, ich gehe ins Hotel und freue mich schon darauf.

Dann kommt es anders. Ich erblicke den Wegweiser zu einem Campingplatz. Ich kurve hin und schlage das Zelt auf. Langsam habe ich die Hantierung mit dem neuen Exemplar im Griff. Dann fahre ich zurück in die Stadt und finde ein sehr sympathisches Restaurant, wo die Schwedinnen und Schweden sehr ausgelassen und lebensfreudig wirken. Ich atme erleichtert auf. Es ist halb acht. Es war eine harte Etappe, und klar ist dies: Die sich lang hinziehenden Landstraßen, auf der Karte oft gerade wie der Strich eines Lineals, sind keineswegs flach. Heute bin ich wieder über neunhundert Höhenmeter geklettert. Und ich habe die ersten tausend Kilometer dieser Reise geschafft.

In der Nacht träume ich die Anfangsszene eines Ingmar-Bergman-Films. Ein Mann tritt aus seinem Haus hinaus auf die Straße, blickt wie immer hinauf zum riesigen Zifferblatt am Kirchturm und stellt fest, dass dort die Zeiger fehlen. Er geht in die Stadt und sucht nach öffentlichen Uhren auf Plätzen, vor Uhrmacherläden und am Bahnhof. Er findet sie, doch bei allen Uhren sind die Zeiger entfernt worden. Jetzt zieht der Mann seine Taschenuhr aus der Weste, klappt sie auf und erschrickt, weil auch auf seiner Taschenuhr die Zeiger fehlen.

Schweden

| Tag elf | **Norrtälje – Gävle** |

Beim Erwachen denke ich nach über den Titel des Bergman-Films, dessen Anfang ich gestern geträumt habe, doch der Titel kommt mir nicht in den Sinn. Der Film muss vor 1967 entstanden sein, denn in ihm fahren die Autos noch auf der linken Seite, und 1967 stellte ganz Schweden von einem auf den anderen Tag auf Rechtsverkehr um.

In der Nacht muss es geregnet haben, ohne dass ich es hörte. Im Halbschlaf habe ich gespürt, dass das Glücksteinchen, das ich um den Hals trage, sich von der Schnur gelöst haben muss und nun in meinem Leibchen vor der Brust herumrutschte. Ich fischte das Steinchen und die Schnur aus dem Leibchen, verstaute beides in der Tricot-Tasche und schlief beruhigt wieder ein. Fortsetzung folgt.

Es gelingt mir zum ersten Mal, einen schön heißen Cappuccino zu kochen. Dazu esse ich ein paar Biscuits, dann fahre ich los. Die Wolkendecke ist kompakt.

Der Campingwirt sitzt mit seiner Frau vor der Baracke. Ich gehe zu ihnen, wünsche einen guten Morgen und sage, ich möchte gerne zahlen für den Zeltplatz. Der Platzwart sagt, es sei für mich gratis, weil ich auf dem Velo unterwegs sei. Merci!

Ich fahre los und es beginnt zu regnen. Ich ziehe die Schuhschütze über und die Regenjacke an. Auf der leicht gewellten Straße geht es rassig voran.

Fortsetzung von vorhin: Mir kommt wieder das Glücksteinchen in den Sinn. Wo ist es geblieben? Ich suche nach ihm in den Tricot-Taschen, wohin ich es in der Nacht doch gesteckt habe, doch ich finde es nicht. Ich schäme mich, ich schäme mich, ich schäme mich. Und ich fahre weiter. Es ist eigentlich schön, und es regnet schön. Es schifft und schifft, und auch ich schiffe und schiffe immer wieder. Das Regenwetter wirkt auf den Wasserhaushalt meines Körpers.

In Östhammar gehe ich in eine Türkenbeiz, wo sie mich mit viel Sympathie empfangen. Da kommt ein Mädchen an den Tresen und kauft ein Salätchen in einem Plastikgefäß, dazu eine Coca-Cola, und das Mädchen zahlt mit der Kreditkarte, geht wieder hinaus. Nach dem Essen steige ich wieder auf, fahre weiter. Da beginnt es wieder zu regnen.

Meine geschenkten Handschuhe sind immer noch und wieder so nass, dass ich sie kaum an- und ausziehen kann. Ich befürchte sie zu beschädigen, also mache ich es ganz langsam und sorgfältig. Am Nachmittag sehe ich am Horizont einen Streifen freien Himmel, doch nicht mehr. Ich fahre einen flotten Schnitt.

In der Stadt Gävle ist anscheinend ein Oldtimer-Treffen. Dutzende sehr schöne alte Wagen fahren auf den breiten Straßen herum. Ich suche ein Hotel, finde das Clarion, eine sehr amerikanisch anmutende Bude.

Unterwegs habe ich das pflotschnasse Zelt während der Mittagspause wenigstens etwas getrocknet, sodass ich jetzt ein Pfund weniger Gewicht zu transportieren habe und das tut gut. Ich rauche ziemlich bis sehr viel, weil ich nervös bin. Warum bin ich nervös? Ich bin nervös, weil ich noch nirgends bin auf meiner Reise um das Baltikum herum.

Das Hotel Clarion ist riesig, mein Zimmer ist riesig, mein Badezimmer ist riesig. Darum bin ich froh, denn so kann ich das Zelt und den Schlafsack zum Trocknen ausbreiten. Fortsetzung Glückssteinchen: Ich denke, es könnte sich irgendwo im Schlafsack verstecken. Ich suche sorgfältig und finde das Glückssteinchen unten im Sack, dort, wo die Füße schlafen. Ich bin befreit, ich bin glücklich.

Beim Duschen suche ich in Gedanken den Namen des Ortes in Dänemark, an dem ich auf dieser Reise zum ersten Mal gezeltet habe, nach ein paar Minuten fällt er mir ein: Præstø. Der Name klingt so lateinisch. Dann überlege ich, wie oft ich zwischen Stockholm und hier, Gävle, gezeltet habe. Ich denke zuerst, es waren zwei oder drei Mal, doch dann finde ich heraus, dass es nur einmal war. Ich habe eine Zeitverwirrung und das Gefühl, seit Stockholm sei ich ein paar Tage unterwegs gewesen, dabei waren es nur zwei Tage bis hierher. Also: Die Eindrücke, die ich habe, obwohl ich außer Radeln kaum etwas erlebe, sind so intensiv, dass aus einem Tag zwei, aus zwei Tagen drei werden. Das ist aber nicht so, OBWOHL ich nur radle, sondern WEIL ich nur radle, und so wird aus dem Radeln Sprache und zuweilen wirres Kopfrechnen.

Unten im Hotel ist ein riesiges Restaurant, das mir in seiner lauten Hektik, dem Kommen und Gehen vieler Leute, nicht so gefällt. Vorher aber habe ich ein texanisches Steakhouse gesehen, das mir einen guten Eindruck macht. Ein paar Schritte, und ich bin dort. Ich esse ein sehr gutes Sirloin. Am anderen Ende des Raums sitzt eine Dame allein beim Essen. Ich denke, es wäre gut, mit der Dame zu essen, habe aber nicht den Mut, ihr das anzubieten. Da ist sie schon fertig mit Essen, zahlt, steht auf und geht an mir vorbei hinaus. Da sehe ich, dass sie einen sehr kurzen Minijupe trägt und auf hohen Absätzen hinausstakst, elegant, lasziv und aufreizend. Ich stelle mir die blöde Frage, ob sie eine Prostituierte ist. Ich dachte, Prostitution sei in Schweden verboten. Doch in Stockholm hat mir auf der Straße eine Dame ihre Dienste angeboten.

Im Hotel Clarion stellen die meisten Gäste ihre Schuhe draußen im Korridor schön brav neben die Zimmertüre. Weil es heute aber über Nacht im Hotel schon seit Jahren keinen Schuhputzdienst mehr gibt, sind die Schweden also einfach brave Bünzlis. Auch in der Schweiz gibt es diese Neo-Bünzlis, die zu mir zu Besuch kommen und schon vor dem Klingeln an der Türe die Schuhe ausgezogen haben und in den Socken hereintreten, und ich denke immer, oh, hoffentlich haben sie heute frische Socken angezogen. Das kommt mir in den Sinn, als ich durch die Clarion-Korridore gehe; und immer wieder trage ich Schuhe herum, packe das Paar vor dem Zimmer 219, trage es weiter zum Zimmer 211, wo keine Schuhe stehen, und stelle es dort ab. Auf dem Heimweg zurück in mein Zimmer verpflanze ich ein Paar von Zimmer 206 nach 218, und ich lache.

| Tag zwölf | **Gävle – Hudiksvall** |

Am Morgen regnet es und es ist grauslich kalt. Ich frühstücke mir Mut an und denke wieder, es sei unglaublich, was ich fressen mag, wenn ich auf dem Velo unterwegs bin. Die Übernachtung hat achthundert und etwas Kronen gekostet. Ich war in einem Dreibettzimmer. Die Frau an der Réception erklärt mir, dass es für die zweite und dritte Person Stufe um Stufe billiger würde. Nur gibt es da weder eine zweite noch eine dritte Person.

Ich bin mutlos, der Regen beelendet mich. Ich fahre zum Bahnhof und erkundige mich dort im Kiosk, der auch Bahnschalter ist, ob ich von hier das Velo im Zug nach Norden mitnehmen kann, doch ich meine es eigentlich nicht wirklich ernst. Der Kioskmann aber ist sehr freundlich zu mir, er telefoniert sogar für mich herum, sagt mir dann, das gehe eigentlich nicht, das mit dem Velotransport, aber halt, um die Mittagszeit fahre ein Regionalzug, in den ich mein Velo einladen könnte. Da sehe ich zwei Kondukteure, spreche sie an, und sie bestätigen die Angaben des Kioskmannes. Sie sagen auch, dass ich das Velo im Sack in jedem Zug mitnehmen dürfte. Doch mein Sack ist in Lübeck geblieben.

Jetzt ist es mir zu blöd, bis Mittag herumzuhängen und auf einen Zug zu warten. Ich bin bei guter Gesundheit, paffe in den Regen und finde, die feuchte Luft verstärke das Aroma des Tabakrauchs. Dann denke ich, eigentlich sei ich in Form und hierher gekommen, um zu radeln. Also verpacke ich mich nasswinterlich und fahre los. Mit ein paar Nachfragen bei den wenigen Passanten in der Stadt vermeide ich Irrwege und fahre in den Regen hinaus, in den Regen hinein. Was sollte ich sonst tun? Eine kleine Ewigkeit später lässt der Regen nach, die Straße trocknet, es bleibt trocken, doch die Sonne lässt sich nicht blicken, die Wolkendecke ist ein Wolkendeckel. Die Straße nimmt Kuppe um Kuppe.

Da sehe ich, auf der übernächsten Kuppe, dass mir ein Tourenfahrer entgegenrollt. Das ist der erste Radler, den ich nach fast zwei Wochen sehe. Oder ist das eine skandinavische Fata Morgana? Ich traue meinen Augen nicht, doch es IST ein Radler. Wir winken uns zu, halten an, legen die Velos neben der Straße auf den Waldboden. Er heißt Alex, ist Belgier und hat den letzten Tourenradler vor zweitausend Kilometern gesehen. Ich bin Schweizer und habe den letzten Velokameraden vor tausendfünfhundert Kilometern gesehen. Alex fährt ein schwer beladenes Reiserad und ist schon seit Langem unterwegs. Er kommt aus dem Norden, will nach Süden, ich will vom Süden in den Norden. Bedeutungsvoll wölbt Alex jetzt die Augenbrauen und spricht ernst wie ein Priester zu mir: »Hart, sehr hart wird es werden für Sie dort oben im Norden, wo gar noch Schnee liegt.« Wir reden Französisch, von Anfang an duze ich ihn, er sagt mir immer vous. Das habe ich doch schon hundertmal erlebt mit frankofonen Velobrüdern. Ich duze sie, sie siezen mich. Wir reden eine Viertelstunde miteinander, wir umarmen uns zum Abschied, er fährt weiter in den Süden, ich fahre weiter in den Norden.

Bei der Einfahrt ins Dorf Söderhamn entdecke ich einen der seltenen Brunnen an der Straße, es ist so eine Art Denkmal-Brunnen. Ich halte an, fülle einen Bidon mehrmals mit Wasser und spritze das verdreckte Velo ab. Ein vorüberfahrender Automobilist macht das Fenster auf und ruft mir »Idiot!« herüber. Dann gibt er Vollgas. Es ist das erste Mal, dass jemand mich beschimpft.

In Söderhamn lande ich beim Türken, bei meinem Türken. Die Türken sind die zuverlässigsten Beizer, heute sind mir die Türken wieder einmal die liebsten Schweden. Beim Türken esse ich einen griechischen Salat und finde ihn göttlich.

Schräg gegenüber sitzt ein Mann mit Glatzkopf und spricht mich an. Er sagt, er heiße Steve, sei Gümmeler und wolle sich im September zu seinem Geburtstag eine Woche Velofahren in Italien gönnen. Er fragt, welches Gebiet in Italien ich empfehlen würde. Ich empfehle ihm die Abruzzen zur Entdeckung.

Ich beschließe, bis Hudiksvall durchzufahren. Hinter Södershamn ist die E 4 eine Autostraße, und ich finde den Cykelspåret nicht. Also Umweg, denn auf der Autostraße, auf der Kraftfahrstraße, wie die Deutschen sagen, darf ich laut Verbotsschild nicht fahren. Ich finde die alte Hauptstraße, und die ist sehr schön mit ihrem rötlichen Belag, sanft hügelig. Allmählich spüre ich die gefahrenen Kilometer in den Beinen.

Zwanzig Kilometer vor Hudiksvall weist ein Schild nach rechts zu einem Camping und Restaurant, angeblich zwei Kilometer. Ich denke, das sei meine Lösung und zweige ab. Es sind dann aber etwa vier Kilometer, das Restaurant ist geschlossen. Die Besitzer sind beim Geländer am Basteln und sagen, der Campingplatz sei offen und zwei Kilometer weiter gebe es eine Pizzeria. Das ist mir zu umständlich. Ich sage Ciao und denke Merde, fahre zurück auf die alte Hauptstraße, bin dann auf der neuen Europastraße E 4, die ich nun wieder befahren darf. Ich ahne, dass es heute über hundertfünfzig Kilometer werden. Ich schalte den Autopiloten ein. Die geschätzten noch zwanzig Kilometer vor mir schmelzen, aber sie schmelzen langsam, Kuppe um Kuppe.

Zehn Kilometer vor Hudiksvall muss ich schiffen, heute glaub ich zum zwanzigsten Mal, wegen des feuchten, kalten Wetters, das die Blase in ihrer Blasentätigkeit anregt.

Also ich schiffe, fast unten in einer Senke, in einer Cuvette. Ich bin gerade fertig mit dem Geschäft, blicke zurück und sehe, dass ein Gümmeler in meiner Richtung zu mir in die Cuvette herunterfährt. Ah wunderbar, denke ich, der kann eine Weile für mich arbeiten und mir Windschatten geben. Ich fahre los und bereite mich darauf vor, mich von ihm überholen zu lassen, den Anschluss nicht zu verpassen und dann bei ihm anzuhängen. Ich bin an der nächsten Kuppe, im Aufstieg, doch der Gümmeler kommt nicht näher. Ich nehme etwas Geschwindigkeit zurück, da überholt er mich – er ist eine Frau. Sie trägt eine Trainerhose, eine Windjacke und Turnschuhe, hat so ein mittleres Rennvelo. Sie grüßt. Ich hänge mich an, rufe zu ihr nach vorne, dass sie jetzt für mich im Gegenwind arbeite. Sie lacht zurück, das wisse sie, und ich bin froh um ihren Windschatten. Ich fahre nach vorne neben sie und wir schwatzen ein wenig auf Englisch, dann schwatzen wir ziemlich viel. Sie fragt mich, wo ich heute schlafe, ich sage, ich suche ein Hotel. Sie sagt, sie hätte eine leere Wohnung, in der ich schlafen könnte, doch fürs Essen müsste ich anderswo schauen.

Wir gehen von der Straße, halten an, ich stelle mich vor. Sie heißt Åsa. Ich sage dann, ich möchte ins Hotel. Sie sagt, sie kenne ein billiges, und führt mich hin. Es heißt Hotel Temperance. Auch hier ist die Eingangstüre verschlossen. Åsa telefoniert für mich, nennt mir den Code, den ich eingebe, und die Türe öffnet sich. Die Wirtin sagt am Telefon, ich solle in Zimmer Nummer drei schlafen, morgen früh sei sie im Betrieb.

Wir treten ein. Im Hotel scheint im Moment kein Mensch zu sein, es ist still. Wir gehen durch den Gang, der Holzboden quietscht ein wenig unter unseren Schritten, wir öffnen die Tür. Ich stehe mit Åsa in dem Zimmer Nummer drei, ein großes Himmelbett strahlt uns entgegen. Durch das große Fenster blicken wir hinaus an den Waldrand. Dort steht das Reh und blickt zu uns herüber. Das Reh am Rapsfeld folgt mir auf der Reise. In der Luft schwebt ein Zauber zwischen Åsa und Ånders, jetzt plötzlich haben alle Å ein Ringlein oben drauf, Åsa und Ånders, die Å haben einen Heiligenschein, Åsa und Ånders, oder die Ås tragen ein himmlisches Krönchen. Alle Heiligen tragen heute ein himmlisches Krönchen.

Zur Belohnung für ihre himmlischen Dienste lädt der heilige Ånders die heilige Åsa ein zum Nachtessen. Nun aber sind in diesem Abendbrotland die meisten Beizen geschlossen. Doch in einem Café gibt es noch etwas zum Essen und auch Bier. Åsa hat zwei Töchter im Alter etwa unserer Tochter, sie ist zusammen mit einem Mann, der von einer anderen Frau auch zwei Kinder hat, von vorher. Åsa ist Malerin. Sie ist auch Motorradfahrerin und sagt, sie möchte teilnehmen an Töffrennen. Sie sagt, sie sei ein wenig verrückt und sie möge mich, weil auch ich ein wenig verrückt sei. Da blinken wieder unsere Ringlein auf dem Å, es glitzern unsere Krönchen, es leuchten unsere Heiligenscheine im Abendlicht.

Åsa begleitet mich zurück zum Hotel Temperance, das auf ihrem Heimweg liegt. Wir umarmen uns, sie fährt über das Kopfsteinpflaster davon, ihr Krönchen leuchtet am Horizont. Das Reh steht nicht mehr am Waldrand. Es ist weitergezogen.

Ich bin todmüde.

Tag dreizehn **Hudiksvall – Sundsvall**

Heute ist der 12. Mai, meine Schwester hat Geburtstag. Neulich habe ich ihr eine Glückwunschkarte geschickt und hoffe, dass diese genau heute bei ihr eintrifft. Der Himmel ist klar, ich freue mich, ich platze vor Freude. Viel zu früh wache ich auf und kann noch einmal einschlafen.

Die Wirtin ist auch da, das Frühstück ist sehr schön, da gibt es verschiedene Arten von Broten und Heringen, die Morgensonne leuchtet herein in den Frühstücksraum, in den Frühstückssalon. Diese Unterkunft kostet etwa gleich viel wie das Clarion Hotel in Gävle. Schon nach kurzer Zeit und kurzer Mühe finde ich die Veloroute, den Cykelspåret, und folge ihm. Schön führt die Route durch die stillen Dörfer.

Das Morgenlicht ist gut. Ich fotografiere, stelle das Stativ auf, es ist umständlich. Im Laufe der Zeit habe ich eine Technik entwickelt, und die geht so: Ich schraube die Kamera auf das Stativ und bestimme das Bild, wähle die Szenerie. Dann überlege ich, wo in der Landschaft ich den entgegenkommenden Velofahrer platzieren soll, und an diesem Punkt lege ich einen Stein an den Straßenrand. Ich stelle die Selbstauslöser-Zeit auf zwanzig Sekunden, dann drücke ich auf den Knopf, fahre los, weg vom Stativ, wende und bewege mich auf die Kamera zu, zähle die Sekunden – eins, zwei, drei, vier – und bei zwanzig sollte ich beim Markierungsstein ankommen. Bis ich das ohne zu würgen hinkriege, brauche ich meistens drei oder vier Versuche. Schaute mir jemand bei diesem Treiben zu, dächte er, da treibe ein Irrer sein schwachsinniges Spielchen. Bitte ich aber Passanten, mich beim Heranfahren zu fotografieren, dann kommen diese Bilder selten gut heraus. Die Passanten drücken meistens zu früh oder zu spät ab, im Bild sind unten die Räder abgeschnitten, oder der Kopf des Fahrers fehlt. Also wäre ich ohne Stativ verloren.

Im südlichen Teil der Etappe folge ich dem Cykelspåret, der auch mit der Abkürzung CS ausgeschildert ist, weiter oben, nördlich, gehe ich schauen, wie die Europastraße 4 aussieht. An ihr sehe ich das Zeichen für Hauptstraße, also darf ich auf ihr fahren. Über sechs oder sieben Kilometer haben sie den Asphalt abgehobelt, die Oberfläche ist sehr rau, zum Teil ist es gefährlich. Ich ziehe zuerst die Beinlinge aus, dann kurble ich es durch. Es wird dreizehn, vierzehn Grad warm.

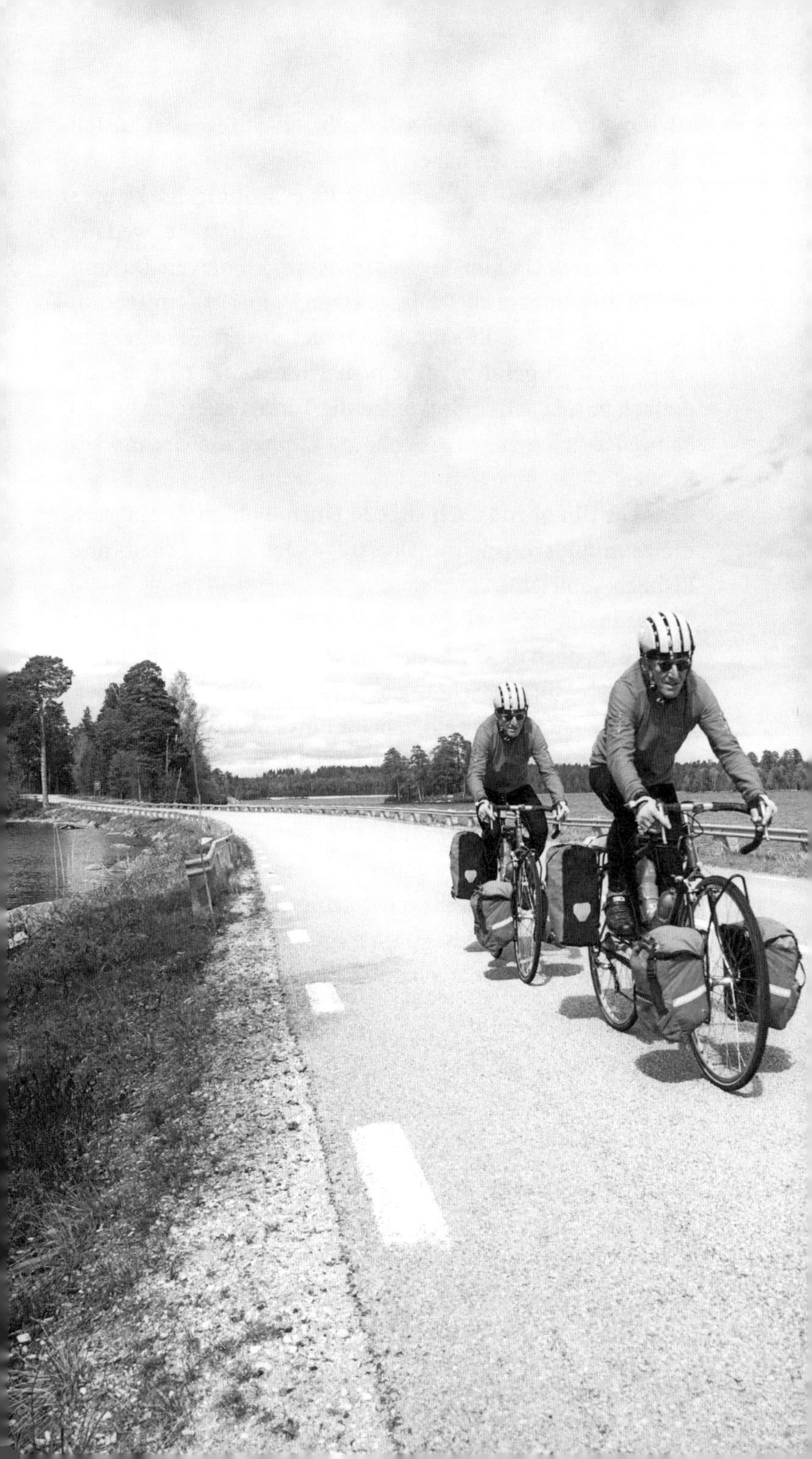

Ich bin sehr zufrieden, auch deshalb, weil ich ein paar anständige Bilder im Kasten habe.

Auch Sundsvall ist eine weitläufige Siedlung. Ich kämpfe mich durch ins Zentrum, viel auf der Hauptstraße, weil die komplizierten Umfahrungen der Velopisten nerven. Da komme ich im Zentrum an. Ich frage einen Mann auf dem Trottoir nach einem Hotel. Er sagt, gleich hier um die Ecke gebe es eines. Es wird geführt von einem Türken. Die Türken sind einfach gut, ja, ich finde wieder, die Türken seien die besten Schweden. Ich nehme ein Economy-Zimmer um vierhundert Kronen.

Acht Uhr abends. Ich sitze in einem Pub, zähle ringsum dreizehn Bildschirme mit Übertragungen von Fußball- und Eishockeyspielen.

Dadurch, dass ich gestern Åsa traf, habe ich nicht geschrieben, doch diese Begegnung war sehr schön, ich glaube, Åsa hat mir Mut gemacht. Also: Entweder Åsa oder Schreiben. Und einmal mehr: Schreiben heißt Einsamkeit, ohne Einsamkeit kein Schreiben. 20 Uhr 15. Ich will etwas essen. Immer will ich etwas essen. Ich bestelle Spare Ribs oder wie die heißen. Die sind gut, aber furchtbar klebrig. Dazu trinke ich Staropramen. Oh, alter Brunnen in Böhmen!

Mein Economy-Zimmer hat keine Bettwäsche, doch das haben sie mir vorher gesagt. Ich fragte, ob ich mit dem Schlafsack auf dem Bett schlafen könne. Der Türke sagte okay.

| Tag vierzehn | **Sundsvall – Härnösand** |

Am Morgen wandere ich in der Stadt herum und mache bei schönem Licht und Sonnenschein ein paar Fotos, denn Sundsvall ist eine prächtige Stadt. An der Ecke gibt es eine Gripen-Apotheke mit schöner Fassade. Diese Apotheke fotografiere ich für meinen Freund René, der in der Schweiz auch eine Apotheke führt.

Es ist wieder schwierig, auf dem Cykelspåret aus der Stadt zu finden, nach einiger Zeit schaffe ich es. Ich fahre um eine Bucht herum, dann steigt die Straße sanft zu einer Anhöhe. Dahinter öffnet sich wieder das weite Schweden, und die nächste Pause der Zivilisation sind Wälder, Weiden, Bäche und Seen. Weit weg scheint mit einem Schlag der Bottnische Meerbusen zu sein, doch genau seinetwegen bin ich doch hierher gekommen. Wo ist denn der Bottnische Meerbusen? Riesenhaft sind für mich Zwerg die Landschaften, und sie schwingen sich in den Himmel hinauf, in die gewaltigen Wolkenambosse, die mit den messerscharfen unteren Rändern vor dem blauen All durchziehen. Landschaft und Himmel werden eins, es ist eine sphärische Erhöhung, und die Sphärenklänge, die der nunmehr Außerirdische auf dem Velo jetzt zu hören glaubt, erleichtern die Einsamkeit.

Um die irdisch-himmlische Unendlichkeit zu erfahren, muss man nicht nach Afrika oder in die Südsee reisen, es reicht ein Abstecher ins nahe Skandinavien. Auch ein paar Zahlen belegen das nachdrücklich: Die lumpige angelsächsische Meile ist ein Nichts von 1,6 Kilometern, die bescheidene Seemeile kriegt ganze 1,8 Kilometer hin, die stolze skandinavische Meile aber, die schluckt mit Todesverachtung ihre zehn Kilometer.

Im Mai und Juni, gegen Skandinaviens ewigen Sommer hin, gesellt sich zu der Weite des Raums die Unendlichkeit der Zeit: Wenn die Uhr die Abendstunde anzeigt, wird es nicht Nacht, sondern es stellt sich bloß eine Dämmerung ein und die dauert ein paar Stunden, bis wieder das Große Licht übers Land hereinfällt. Statt der Sphärenklänge hört der Tourero im Zelt nun die hunderttausend Vogelstimmen, und diese Sinfonie brandet vierundzwanzig Stunden lang ohne Unterbrechung durch die Wälder.

Hier ist der Kontinent der singenden, kreischenden, krächzenden und zwitschernden Vogelvölker. Ich glaube, die Vögel sprechen auch, denn beim Fahren höre ich immer wieder, wie zwei Vögel, der eine links, der andere rechts im Baum, über meine Straße hin und her den zweirädrigen Passanten da unten im Dialog kommentieren, vielleicht über ihn schimpfen oder ihn auslachen. Sie schwatzen und fliegen von Baum zu Baum und folgen mir. Meinen sie mit ihrem Schwatzen mich? Ist es also wirklich meine Straße? Oder gehört sie den Vogelvölkern? Mir kommen Zweifel, aber ich bin der Straße dankbar, dass sie existiert, und so rolle ich auf ihr. Ohne die Straße wäre ich Flügelloser noch verlorener auf diesem Kontinent der Vogelstimmen.

Wieder stelle ich das Stativ auf und mache Bilder von Monsieur Hulot, der ins All radelt. Bald hofft mein hungriger Bauch auf den heutigen Türken, doch da ist kein Türke mehr zu sehen. Also fahre ich weiter ins All. Seit der Bucht heute Morgen habe ich die Ostsee abermals kaum mehr gesehen.

Ich bin spät gestartet, ich habe fotografiert, um halb vier Uhr erreiche ich Härnösand, bin nach den vierundsiebzig Kilometerchen mehr auf dem Hund als nach einer Hundertzwanzig-Kilometer-Etappe. Da sehe ich einen Wegweiser zu einem Campingplatz, dann sehe ich ein Hostel. Ich entscheide mich für das Hostel. Dort darf ich nicht im Schlafsack schlafen, aus hygienischen Gründen, wie es heißt. Das Etablissement ist sehr schön, alles gepflegt, mit Stil und liebevoll. Die Wirtin hat Sommersprossen und rotblondes Haar. Ich frage, wo ich mein Velo abstellen könne, sie sagt: im Zimmer. Ich stelle es ins große Badezimmer.

Ich bin müde und ausgehungert. Vorhin hat es kurz geregnet. Wenn einen der Mut zum Zeltaufstellen verlässt, geht man ins Hostel. Ich sitze in einem sehr gemütlichen Restaurant, welches »Sam's Restaurang« heißt. Achtzehn Uhr. Seit dem Frühstück habe ich nichts gegessen.

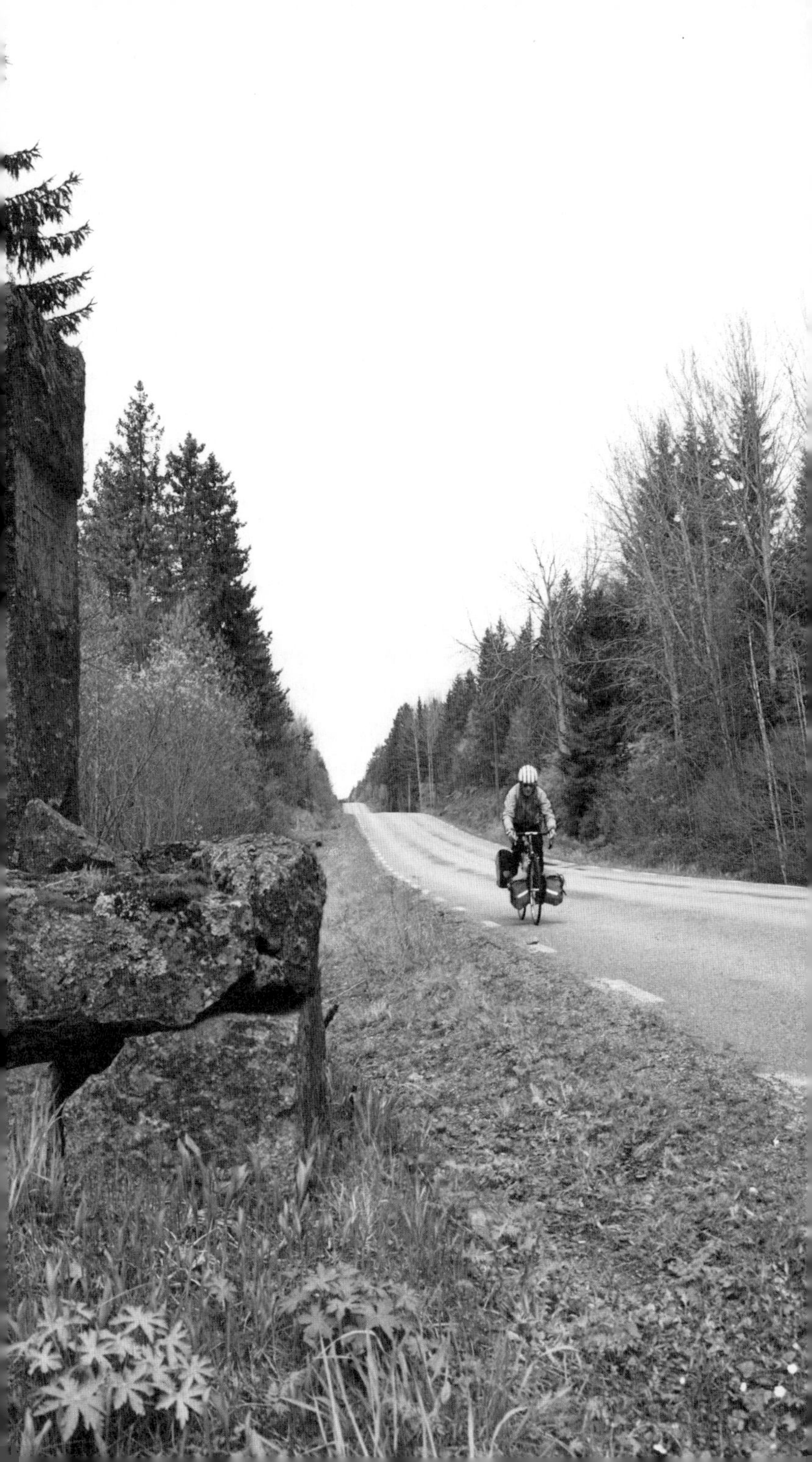

Ich habe eine kleine Krise, und das Notizbuch löst sich aus der Bindung; nein, eben nicht Bindung, sondern Klebung.

Ich muss über die Bücher. Schaffe ich den Fahrplan bis nach Haparanda, an die finnische Grenze, zum nördlichsten Punkt auf dieser Reise?

Die Dame an der Réception hat gesagt, ihr Sohn fahre oft auf der Europastraße E 4. Das lässt mir keine Ruhe, das gibt mir Hoffnung. Ich schlafe aber sehr gut. Ich erwache, und es ist hell draußen. Ich schaue auf das Handy und sehe, dass es drei Uhr morgens ist. Es regnet. Ich schlafe noch einmal ein.

Tag fünfzehn **Härnösand – Örnsköldsvik**

Um halb sieben klingelt der Wecker. Ich schaue aus dem Fenster und sehe, dass es kräftig regnet. Ich setze die kleine Krise von gestern fort und denke, ich könnte wieder einmal versuchen, einen Zug zu nehmen. Im Frühstücksraum grüßt außer mir kein Mensch. Alle Menschen blicken finster drein und meistens blicken die Finsterlinge auf ihr Handy. Die Schweden sind ein noch trübsinnigeres Volk als wir Schweizer.

Während des Frühstücks lässt der Regen etwas nach, ist nur noch schwach, als ich das Velo, rauchend und spazierend, zum Bahnhof schiebe. Dort spielt sich dieselbe kleine Komödie noch einmal ab. Warum provoziere ich sie immer wieder? Auch an diesem Bahnhof kann man mit niemandem von der Eisenbahngesellschaft sprechen. Da kommt aber ein Velofahrer, und ich frage ihn nach dem Velotransport, er sagt: »Vergiss es«. Er weiß aber und bestätigt, dass man hier mit dem Velo auf der E 4 fahren darf.

Ich probiere es aus, und es geht, wenigstens ein Stück weit. Ich spare mir den Cykelspåret-Umweg, der direkt die Küste entlang führt. Der wäre wohl hübsch bei schönem

Wetter, doch heute ist es mittelprächtig, ich schenke ihn mir. Es läuft gut bis zu der gigantischen Wahnsinnsbrücke Höga Kusten Bron, die im Jahr 1998 eingeweiht wurde. Über diese dürfen Velos noch fahren, danach jedoch, auf der Europastraße 4, ist es aus mit der Fahrerlaubnis. Fast parallel zur E4 führt aber eine schöne Landstraße weiter. Auf ihr herrscht fast kein Verkehr. Während neunzig Kilometern sehe ich auch keine Beiz. Das Land ist weit.

In Järesta steht an der Straße ein Informationspavillon zu dieser erdgeschichtlich bemerkenswerten Region, wo sich die kleinen Verwerfungen, also die Kuppen, über die ich fahre, vor erdgeschichtlich nicht langer Zeit ereignet haben; natürlich ist das ein UNESCO-Naturerbe.

Schon wieder bin ich hungrig und habe Lust, mir eine Beutelsuppe, die ich neulich in einem Tankstellenladen gekauft habe, zu kochen. Und das tue ich. Es ist Golderbs mit grünen Erbsen und Croûtons, und die Suppe ist sehr anständig. Dazu esse ich Brot und Wurst, die Geburtstagswurst von Vera und Marc. Sie ist jetzt nur noch halb so lang wie am Anfang, doch diese Wurst hat mich jetzt schon durch halb Schweden gebracht. Halbe Wurst, halbes Schweden. Also kommt man mit einer ganzen Wurst durch ganz Schweden. Und mit ein paar Würsten gar um die Welt.

Bei Doksta gehe ich zurück auf die Europastraße E4. Es folgen lange Steigungen, manchmal verengen Leitplanken die Fahrbahn, was der Verkehrsberuhigung dienen soll und Radlern gefährlich schmale Passagen beschert.

Es ist kalt. Ich fahre wieder in der Winterausrüstung. Kurz vor Örnsköldvik steht an der Straße ein Velo-Fahrverbot. Ich verlasse also die E4, später nehme ich eine Einfahrt zurück auf sie, und da ist kein Verbotsschild, also bleibe ich drauf bis in die Stadt. Deren Zentrum gruppiert sich rund um eine Bucht samt Strand und Hafen, darüber ragt eine riesige Skisprungschanze in den Himmel. Ich steige ab und betrach-

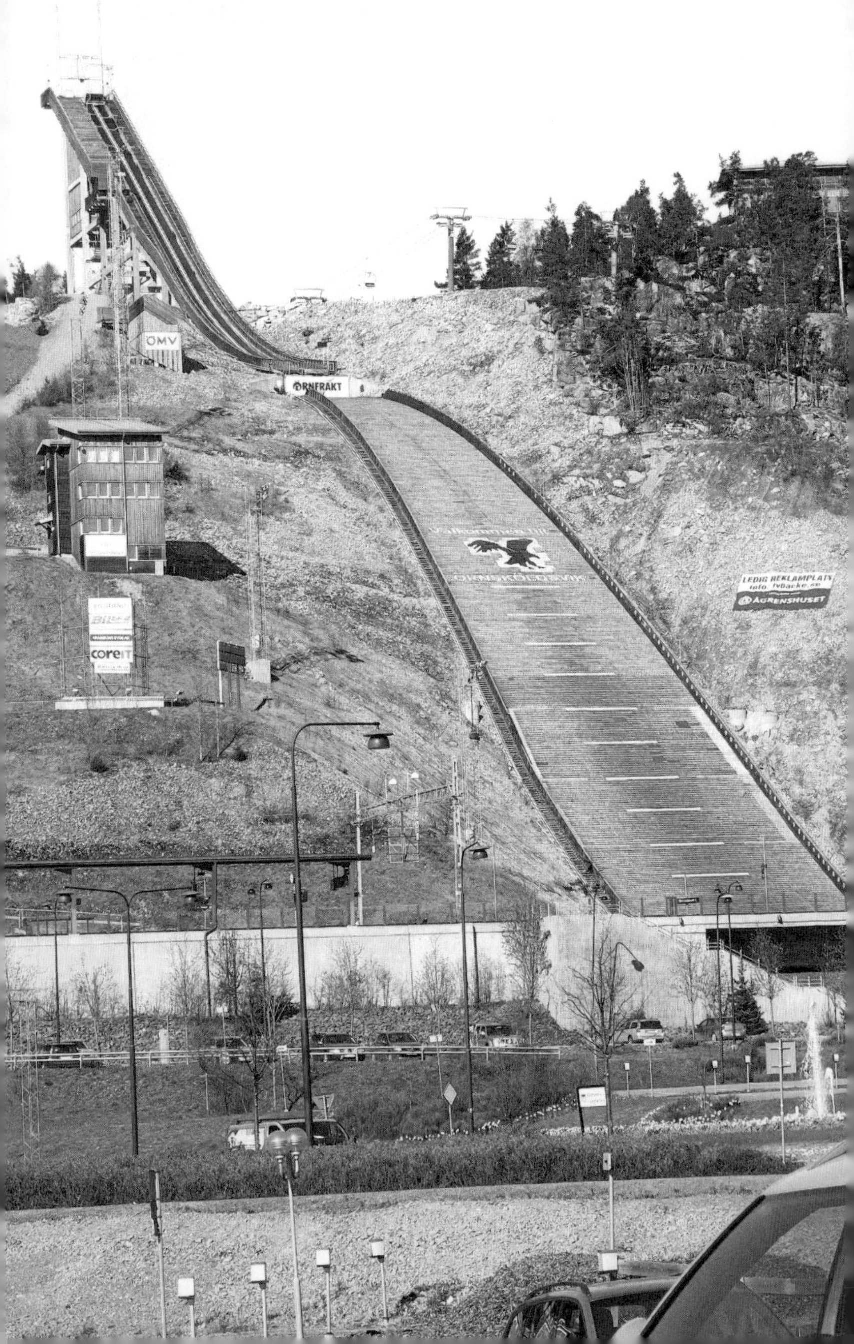
ÖMV
ÖRNFRAKT
coreIT
LEDIG REKLAMPLATS
ÅGRENSHUSET

te mir diese Kombination, zuerst verstört, dann fasziniert. Sie ist für mich so verrückt, weil ich in mir seit der Kindheit die Bilder von Gletschkrachen trage, tief verankerte Vorstellungen von den Sprungschanzen dort im Tal, umgeben von den hohen Bergen, fernab vom Meer. Ei, frage ich verstörter Alpiner mich, wie kommt denn hier eine Sprungschanze ans Meer?

Ich sehe den Wegweiser zu einem Camping, fahre in diese Richtung. Nach drei Kilometern denke ich: Warum schreiben auch diese Schwachköpfe keine Kilometerangabe auf ihre Wegweiser? Wie weit ist es bitte bis zu diesem schwachköpfigen Schwedenlagerplatz?

Ich drehe um, kehre zurück in das Städtchen und frage in drei Hotels nach einem Zimmer. Alle drei sind ausgebucht. Ich radle ein wenig herum, betrachte mir die Bucht, an der die Sprungschanze sich erhebt. Weiter vorne ist das groß angeschriebene Fjällräven-Zentrum. Ich kenne diese Marke, welche allerlei Rucksäcke für Stadtmenschen und Hosen für Wanderer herstellt, und bin ganz stolz, auf der Expedition bis zu diesem Vatikan der Freizeitindustrie vorgedrungen zu sein. Auf der anderen Seite dieses Zentrums, zum Meer hin, ist ein frei zugänglicher Rasenplatz. Dort, ich weiß genau an welcher Stelle, werde ich mein Zelt aufstellen, aber erst nach dem Nachtessen.

A propos Essen, noch einmal und schon wieder: Die Italiener-Restaurants gibt es bis Stockholm, dann werden sie rar. Treu sind die Türken, die nächsten besten Schweden, bis hinauf nach Sundsvall. Weiter nördlich aber werden auch sie rar. Fortsetzung folgt. Das heutige Nachtessen, Sirloin in einem wie ich glaube schwedischen Restaurant, ist toll. Wie ich hinaustrete, scheint am Himmel der Vollmond, und die Sprungschanze leuchtet im Halblicht einen magischen Moment lang wie etwas Außerirdisches. Dann geht alles schnell: zack Zelt, zackzack Liegematte und Schlafsack, zackzackzack

Nirwana. Dort träume ich von Skispringern, die über die Schanze von Örnsköldsvik sausen, die schwerelos hinaus aufs Meer fliegen und deren lautes Lachen im All widerhallt.

Tag sechzehn **Örnsköldsvik – Umeå**

Ich habe gut geschlafen. Wieder bricht der Tag an, dabei ist es erst drei Uhr morgens. Ich schlafe noch einmal. Um sieben scheint die Sonne auf das Zelt, es ist der schönste und lichteste Tag, ich bin glücklich.

Ich breche das Zelt ab und packe das Velo. Verschiedene Menschen, solche mit Hunden und Jogger ohne Hunde kommen auf dem Kiesweg beim Wasser an meinem Zeltplatz vorbei und rufen fröhliche Morgengrüße zu mir herüber, die ich gerne erwidere. Die Schweden sind doch nicht so trübsinnig, wenn nur die Morgensonne scheint.

Ich gehe ins beste Hotel, ins Hotel Plaza, und frage an der Réception, ob das Frühstück für einen Passanten möglich ist und was es kostet. 125 Kronen. Das ist anständig, und ich schlage zu.

Um neun Uhr fahre ich los, gehe gleich zurück auf die E 4. Die ist meistens ganz angenehm, abgesehen von ein paar Engpässen. Es wird eine Weile ein paar Grade wärmer, ich ziehe die Beinlinge aus. Zwei Stunden später ziehe ich sie wieder an. Ich weiß nicht, ob es klug ist, die ganze Etappe auf der E 4 zu fahren, doch ich tue es halt. Hie und da habe ich die Sinnkrise. Da ist es Mittag und ich bin hungrig, würde gerne wieder ein Suppenmittagessen machen, so wie gestern. Doch ich finde keine Stelle, wo ich ein bisschen Schutz vor dem starken Wind fände. Ich rolle nach Hörnfors hinein und esse in einer Beiz ein Steak mit Bratkartoffeln. Kurz danach ist das Steak in den Beinen und ich ziehe die Beinlinge wieder aus. Es ist so unwirklich und wunderschön, auch wenn der Wind verdammt stark gegen mich bläst.

Kurz vor Umeå ist die Straße verboten für Radler, ich biege rechts ab und gelange auf Velopisten ins Zentrum. Umeå ist eine richtige Radlerstadt; mit so vielen rücksichtslosen Radlern, dass es auf den Velopisten gefährlicher ist als auf der E 4 mit all den Autos und Lastwagen.

Es ist saukalt, ich friere. Von Norden zieht eine Wolkendecke auf, die sich am Himmel festigt. Im Verkehrsbüro frage ich nach einem Zeltplatz. Der liegt fünf Kilometer außerhalb der Stadt. Und wo esse ich, wo finde ich etwas Wärme? Ich gehe ins Hotel. Das ist etwas außerhalb, heißt Björken und hat etwas von einem Sanatorium. Es ist 19 Uhr 14. Um acht schließt das Selbstbedienungsrestaurant.

Am Fernsehgerät in der Hotelhalle schaue ich mir das Eishockeyspiel Schweden–Frankreich der Weltmeisterschaft an. Die Franzosen sind viel stärker als ich dachte, als die Schweden dachten. Die Schweden gewinnen aber mit zwei zu eins.

Tag siebzehn **Umeå – Skellefteå**

Es ist mild am Morgen. Auch heute bestätigt sich, dass Umeå eine höllische Velostadt ist, weil sehr viele rücksichtslose Velorüpel unterwegs sind. Wenn das die Zukunft des Velos ist, dann bedanke ich mich und steige um aufs Motorrad.

Wie üblich ringe ich um die richtige Ausfahrt. Ich habe beschlossen, die ganze heutige Etappe auf der Europastraße E 4 zu machen, und das wird hoffentlich gelingen. Über weite Strecken ist die E 4 eine gewöhnliche, stark befahrene Landstraße. Etwa um elf Uhr trinke ich in einer Tankstelle einen Kaffee und esse dazu ein Gebäck, das aus der Tiefkühltruhe kommt und noch nicht ganz aufgetaut ist. Noch nicht ganz aufgetaut, das passt, denn ich will ja in den Norden kommen. Unterwegs esse ich zwei Schokoladeriegel.

Am Nachmittag ziehe ich die Beinlinge aus, und es ist auszuhalten. Dann habe ich Nackenschmerzen. Außer dem Radeln, Radeln, Radeln passiert nichts in meiner kleinen Welt. Doch jetzt ereignet sich etwas. Ich erblicke weit vorne links zwei Elche, die hundert Meter neben der Europastraße friedlich Gräslein fressen. Wie riesig die sind! Der brausende Autoverkehr, der hier intensiv ist, ist ihnen egal. Ich halte an, bevor ich ihre Höhe erreicht habe. Schon heben sie die Köpfe und beobachten mich. Dann rennen sie weg. Zum Fotografieren hätte ich einen kleinen Umweg machen und mich anschleichen sollen. Doch warum sollte ich Elche fotografieren, wenn das doch schon jeder andere Skandinavien-Tourist macht?

Ich mache die ganze Etappe mit wenig Nahrung.

Bei der Einfahrt in Skellefteå suche ich am Fluss Skellefte älv, der die Stadt teilt, am Ufer einen wilden Zeltplatz. Ich merke mir einen, der infrage käme, doch es ist noch zu früh zum Zeltaufstellen. Dann fahre ich ins Zentrum und erblicke einen Wegweiser zum Campingplatz. Jetzt werde ich unsicher.

In der Fußgängerzone, durch die ich mit dem Velo spaziere, kommt eine Frau auf mich zu und begrüßt mich freudig. Sie stellt sich als Lina vor und erzählt, sie engagiere sich in einer Bürgerbewegung, die durch eine Volksabstimmung den Bau einer riesigen Brücke über den Fluss Skellefte älv verhindern soll. Als sie hört, dass ich aus der Schweiz bin, sagt sie, sie kenne den Skandinavien-Korrespondenten des Schweizer Radios. Dieser Radiomann berate die Bürgerbewegung in Sachen Öffentlichkeitsarbeit. Dann sagt Lina, das Camping sei nicht weit weg, etwa einen Kilometer. Wenn sie nur nicht eine schwedische Meile meint.

Ich fahre dorthin hinauf und zahle teuer, weil ich auch noch eine Campingkarte kaufen muss, die mir schon neulich ein Campingmann andrehen wollte. Wenn ich sie nicht kaufe, dürfe ich hier das Zelt nicht aufstellen. Also ergebe ich mich dieser Erpressung, zahle und lasse mir sagen, mit dieser Karte bekäme ich auf vielen Plätzen in ganz Europa ermäßigte Tarife. Nur: Was soll ich in ganz Europa, wenn ich in Schweden bin?

Mein Zelt stelle ich neben einer Skilift-Talstation auf. Daneben liegen noch ein paar verdreckte Schneehaufen. Weit und breit ist kein Mensch zu sehen. Also pinkle ich in den Schnee. In den Schnee pinkeln ist eine fundamentale Natur- und Lebenserfahrung, der ich seit meiner Kindheit verfallen bin.

Ich radle zurück ins Zentrum, wieder in die Fußgängerzone, und lande im Restaurant Viking. Der Chef ist so nett, dass er glaub ich ein Türke sein muss. Doch um halb neun ist Polizeistunde. Ich finde noch eine Filiale von Bishop Arms und trinke dort ein Bier. Ich habe mehrere kurze Gespräche mit Einheimischen, die mich ihrer Bewunderung versichern und sich nicht vorstellen könnten, mit dem Velo auch bloß zwei schwedische Meilen zurückzulegen. Mir fällt auf, dass viele schwedische Männer weiche, sanftmütige Gesichtszüge haben. Die schwedischen Frauen haben markantere Physiognomien.

Ich sinke ins Zelt und schlafe wieder sehr gut. Den guten Schlaf brauche ich, denn heute hat mein Nacken schwer gelitten. Mehrmals habe ich gegen den Schluss der Fahrt Pausen gemacht und mir mit den Händen den Nacken gedrückt.

Wenn alles gut rollt, brauche ich noch zwei Tage bis zum nördlichsten Punkt der Reise.

Tag achtzehn **Skellefteå – Luleå**

Es gibt hierzulande gar keine Nacht mehr, sondern nur eine fünfstündige Dämmerung. Sie gefallen mir, diese sehr langen Tage, und ich verstehe auch, warum die Schweden nicht so früh aufstehen. Sie schlafen aus, weil die Länge der Tage jede Eile sinnlos erscheinen lässt.

Mein Zeltplatz ist tatsächlich fürchterlich; der teuerste ist der fürchterlichste. Dafür hat er ein luxuriöses Scheiß- und Waschhaus. Dort werde ich ein Kilo leichter, dusche und rasiere mich. Dann mache ich mir einen Kaffee, amüsiere mich wie ein Pfadfinderbub mit meinem Kocher, helfe den müden Esbit-Feuerwürfeln, von denen ich nicht allzu viele dabei habe, mit kleinen Zweiglein nach, esse Brot und Wurst. So komme ich jeden Morgen auf die Welt. Doch die Schwedenwurst ist bald zu Ende, und Schwedenwürste wachsen nicht nach.

Es ist ein so schöner Morgen, dass ihm der fürchterliche Zeltplatz egal ist. Ich fahre auf der E 4 ein paar Kilometer weiter, bei einer Tankstelle bekomme ich einen Cappuccino und ein sehr fettes und sehr süßes Gebäck, genau das, was ich brauche, will mir scheinen. Ich kaufe im Tankstellenladen ein Paket Biscuits, die »Schweizer« heißen. Ein Schweizer kauft in Schweden Schweizer Biscuits. Ich muss lachen. Ich bringe das alles hinaus zu einer Bank-Tisch-Kombination, setze mich hin. Die Sonne ist fast sommerlich, ich ziehe die Beinlinge aus und streiche die Beine ein mit Sonnencrème.

Dann setzen sich Mats und seine Frau, deren Namen ich vergessen habe, zu mir, und wir führen ein Gespräch. Sie sind mit dem Auto unterwegs nach Boden, wo es dem Vater seiner Frau nicht gut geht. Mats erzählt, auch er sei ein Radler. Letztes Jahr sei ihm aber ein Hund unter das Vorderrad gesprungen, er sei schwer gestürzt. Es schaut so aus, als hätten auch die Zähne Schaden genommen; das heißt, die vorderen sehen ganz neu aus. Mich packt wieder einmal ein unheimliches Schaudern beim Gedanken, was während des Radelns auf den großen Straßen, tausend um tausend Kilometer, alles passieren könnte und danke wieder einmal der Madonna von Ghisallo für ihren Schutz, streichle über die Steinchenkette gegen den Bösen Blick, die hinten am Satteltäschchen hängt, und ich danke auch Allah.

Dann müssen Mats und seine Frau weiter, ich wünsche dem Vater der Frau alles Gute. Sie fahren ab und winken mir zu.

Ich packe meine Sachen ein, da kommt eine Töff-Dame zu mir an den Tisch. Sie hat ein Berghaferl, genau dasselbe Modell, wie auch ich es brauche. Nach kurzer Zeit verabschiede ich mich von ihr. Wir wünschen uns eine gute Reise.

Ich radle, dann radelt es einfach wie von selber, und ich genieße den Rückenwind. Nach einer Weile ziehe ich das warme Maillot aus, ersetze es durch die leichte Windjacke, und so ist es gut.

Ich komme voran wie verrückt. Ich überlege, ob ich zum Mittagessen eine Suppe kochen oder nach Piteå abzweigen soll. Ich zweige ab. In einem schlimmen Schnellfraß-Spunten bekomme ich ein sehr gutes Sandwich. Also ist es kein schlimmer Schnellfraß-Spunten, sondern ein Ort, wo Radlerleib und Radlerseele wieder zu sich kommen.

Bei der Ausfahrt aus Piteå habe ich wieder meine Problemchen mit der Radroute, dem Cykelspåret, auch deshalb, weil ich einfach nicht Karte lesen kann. Dann fädle ich mich, nach der Umrundung eines Autobahnstücks, doch noch ein.

Es beginnt zu regnen. So stark war der Regen auf dieser Reise noch nie, zum Teil regnet es so stark, dass die Sicht beeinträchtigt ist.

Angekündigt ist ein Café. Der starke Regen hält an. In dem Café möchte ich gerne eine Pause machen, ein bisschen warten und schauen, ob der Regen nachlässt. Ich zweige ab zum angekündigten Café. Es ist Teil eines Gartenmöbel-Zentrums. Der Chef und die Chefin empfangen mich sehr warmherzig, sie sagen, ich solle auch das Velo unter das Dach nehmen. Ich frage nach einem Kaffee, die Chefin macht ihn für mich, und er ist sehr gut. Dazu reicht die Dame ein Güetzi. Ich will zahlen, doch sie sagt, der Kaffee sei ein Geschenk. So ein guter Moment. Heute treffe ich nur nette Leute.

Es gibt eine kurze Regenpause, dann, wieder unter starkem Regen, fahre ich in Luleå ein. Meinen Plan, hier zu zelten, lasse ich fallen und gehe ins Quality Hotel Luleå. Das Zimmer kostet 1300 Kronen. Das ist zwar teuer, doch zum heutigen zweitausendsten Kilometer gönne ich mir das.

Ich schreibe in der Hotelhalle. Es ist neunzehn Uhr. Ich bin hungrig. Heute habe ich auf den 144 Kilometern sehr wenig gegessen und doch nie gelitten.

Das Hotelrestaurant macht mich nicht so an. Ich gehe in ein anderes um die Ecke. Es heißt Corsica. Ich esse eine Fischsuppe. Die ist gut, wenn auch mit tiefgekühlten Meeresfrüchten. Dann bestelle ich einen Fisch, der als »meunière« angekündigt ist. Der ist oder war ebenfalls tiefgekühlt. Dazu trinke ich Weißwein und gehe dann zurück ins Hotel. Es ist kalt, ich bin müde. In der Hotelbar trinke ich ein Abendbier und schreibe ein paar Karten.

Tag neunzehn　　　　　　　　　　　　　**Luleå – Haparanda**

Wie immer weckt das Tageslicht mich um drei Uhr. Ich habe leichtes Schädelbrummen, lege mich noch einmal hin und erwache wieder um neun Uhr. Tolles Frühstück, ich schlage zu. Müesli mit Früchten, Konfitüreschnitten, viel Lachs und Hering mit süßem Senf.

Ich hole das Velo aus der Garage, es ist vom gestrigen Regen noch sehr dreckig. Vor dem Hotel finde ich ein Absperrgitter bei einer Baustelle, wo ich es abstellen und putzen kann. Alles geht heute so langsam. Ich überlege ein wenig, und dann wird mir klar, dass ich die bald drei Wochen in meinen Knochen spüre. Es schmerzen die Wochen in den Knochen.

Etwa um zehn Uhr lade ich die Sacochen. Ich rede kurz mit einer jungen Frau, die interessiert zuschaut. Sie erzählt, dass sie aus den Niederlanden stamme und aus Liebe zu einem Mann nach Lappland gezogen sei.

Ich fahre in der kurzen Hose los, später ziehe ich das Wintertricot aus, dann auch die Armlinge. Die Europastraße E 4 ist über lange Strecken eine breite Landstraße, sehr angenehm zu fahren, weil sie so breit und der Verkehr heute spärlich ist. Dort allerdings, wo sie durch einen Mittelzaun getrennt ist, hat sie auch heute Engpässe, die doppelte Aufmerksamkeit verlangen.

Ich habe Lust, das Mittagessen selber zu kochen, mache eine Suppe, esse die Wurst von Vera und Marc fertig, dazu Brot. Jetzt ist die Schwedenwurst also ganz am Ende. Der Esbit-Kocher ist wirklich minimal und im Wind kaum zu brauchen. Im Erfinden und Aufstellen eines Windschutzes mit Materialien, die herumliegen, etwa mit Steinen und Ästen, bin ich noch ein Anfänger. Der Brennstoff namens ESBIT ist der Nachfolger von META, und das sind diese Gifttabletten von Brennwürfeln, mit denen man auch Hunde vergiften kann, indem man sie in einen Cervelat steckt. Wieder versuche ich, mit Zweigstücken die Feuerkraft etwas zu verstärken, bin darin aber noch nicht sehr geschickt, immer noch ein schwacher Anfänger. Dabei wäre der geschickte Umgang mit Feuer doch eine Voraussetzung für das Überleben in Schweden und anderswo.

Ich fahre weiter und merke, dass ich das Mittagessen im Bauch längst aufgebraucht habe.

In Kalix ist eine Bodenwelle, eine saublöde Bodenwelle, deren Schwung bewirkt, dass sich die rechte Vordertasche aushängt und ein paar Meter am Boden mitgeschleift wird. Nur knapp entgehe ich einem Sturz. Zum Glück habe ich neulich, vor Umeå, wo mir dasselbe mit der linken Vordertasche passiert ist, nach dem Zwischenfall einen neuen Gummizug gekauft und montiert. So kann ich jetzt eine neue Aufhängevorrichtung basteln. Mein System mit den Gummizügen ist sehr primitiv; und meistens hält es.

Der Wind wird in kurzer Zeit sehr kalt, ich ziehe wieder das Wintertricot über, ziehe das Hütchen unter den Helm. Den ganzen Tag über ist eine kleine Wolke vor der Sonne hängen geblieben, hat immer wieder Schatten geworfen. Trotz dieser Wolke hatte ich einen so vollständigen Sonnentag wie schon lange nicht mehr.

Haparanda. Dieser Name gefällt mir in seinem Wohlklang, und ich wiederhole ihn immer wieder. Weil Haparanda so ruhig klingt, möchte ich gerne einen Ruhetag haben, doch ich möchte auch zelten. Nur: Ruhetag und Zelten passen schlecht zueinander. Wie soll das also gehen? Diese Kombination ist nicht gut, gar nicht gut. Ich fahre ins Zentrum, vorbei an einem großen Turm, auf den Stadtplatz. Dort ist das prächtige Hotel Stadplats, das ziemlich teuer aussieht. Da muss ich wohl Geld besorgen und tue das auch. Das Hotel hat auch ein Restaurant, und ich bin hungrig. Beim Bankomaten ist ein Mann, der einen etwas lätzköpfigen Eindruck macht. Dieser Eindruck erweist sich als falsch. Der Mann redet Finnisch oder Schwedisch, ich rede Schweizerdeutsch. Er gibt mir zu verstehen, dass das Hotel Stadplats sehr teuer sei und weist mich mit ein paar Handbewegungen nach unten hin zum Wasser, an den Grenzfluss, Torne älv auf Schwedisch und Tornionjoki auf Finnisch, und dann soll ich links gehen, den Weg zum günstigeren Vandrarhem.

Ich gehe noch einmal zum Hotel Stadplats, doch das scheint geschlossen zu sein, ich rolle zum Wanderheim. Das stellt sich heraus als »River Motell & Vandrarhem«. Die Wirte

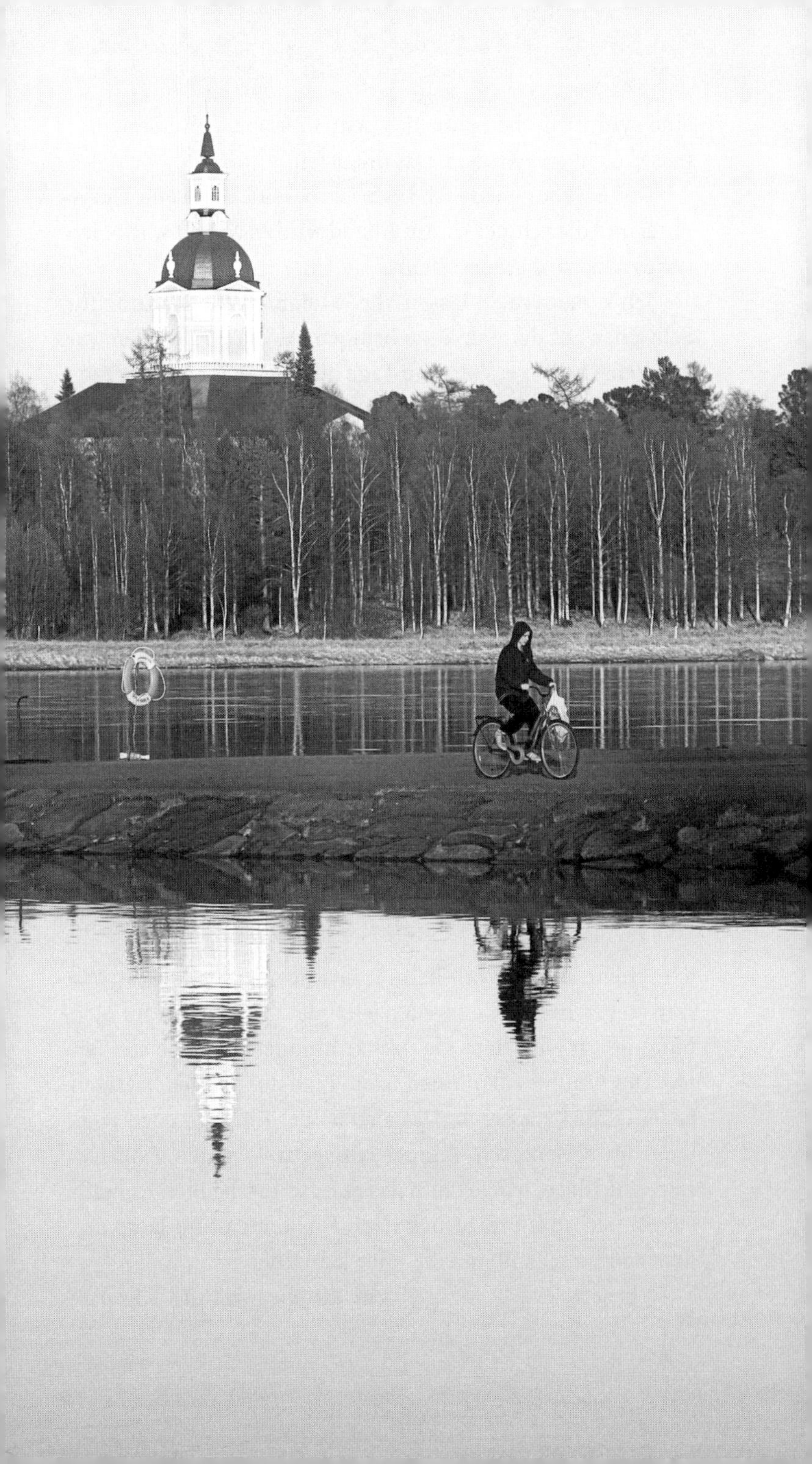

sind sympathische Leute, das prima Zimmer mit Sonnenterrasse kostet 400 Kronen. Das miete ich.

Zur Ergebung esse ich beim Chinesen Leilani eine Curry-Ente, und die schmeckt. Am Abend wird es wieder warm, ich gehe zurück ins Wanderheim.

Ich kann es nicht lassen, die Velofahrer-Buchhaltung für Schweden auf den Punkt zu bringen. Also: In Schweden war ich sechzehn Tage. Vierzehn Tage bin ich geradelt, zwei Tage habe ich geruht. Dabei habe ich rund zweitausend Kilometer zurückgelegt und zwölftausend Höhenmeter überwunden. Ich bin zufrieden. Und einsam.

Um 22 Uhr schaue ich mir die Tagesschau an und verstehe, dass das Schweizervolk den Kauf der schwedischen Gripen-Kampfflugzeuge abgelehnt hat. Die fette Schlagzeile in der Zeitung lautet: »Platt fall för Gripen i Schweiz«.

Unsere Tochter Meret schickt eine Nachricht, sie hat gehört, dass es eine Velofahrer-Ethnologie gibt und fragt, wie ich das sehe. Ich schreibe ihr zurück, sie solle sich dazu Roland Girtlers Buch anschauen.

Tag zwanzig   **Ruhetag in Haparanda**

Ich schlafe aus und bin beim Frühstück der letzte Gast. Warum stehen hier die Schweden jetzt plötzlich so früh auf? Ich bummle, zu Fuß, über die Grenze hinüber ins finnische Tornio. Um hinüberzukommen, kann man durch einen riesigen Ladentempel spazieren. Das also ist der Eingang nach Finnland. Im seelenlosen Tempel trinke einen guten Espresso, esse eine Glace, trinke dann das erste finnische Bier. Es heißt Falcon. Ich spaziere zurück nach Haparanda und lasse mir dort von einer Coiffeuse die Rübe kahlscheren.

Ich setze mich vor meinem Zimmer auf die hölzerne

Sonnenterrasse. Vorher habe ich meine Velowäsche vom Stewi genommen, wo ich sie am Morgen aufgehängt hatte.

15 Uhr 30. Es ist im Schatten 24 Grad warm. Ich bin am nördlichsten Punkt der Reise und noch nie war es so warm wie jetzt und hier. Ich sitze da mit bluttem Oberkörper, in kurzer Hose und rauche die Zigarre, die mein Freund Robert mir zum Geburtstag geschenkt hat. Es ist eine »Camacho, Tabaco Jamastran Honduras«. Das Blechrohr, in dem sie steckte, hat gestern beim Sacochenfall eine Delle davongetragen, und auch die Zigarre ist an einer Stelle etwas eingedrückt worden, ist aber dicht und rauchbar geblieben. Angezündet habe ich sie mit einem der russischen Streichhölzer, SPIUKI, die mir eine Bekannte mit einem russischen Ehemann einmal geschenkt hat und die seither im Kulturbeutel stecken. Rübe kahl, nackter Oberkörper, kurze Hose, Sonnenschein, Musik aus dem kleinen Radio, Zigarre. Das Leben ist schön.

FINNLAND

Man darf an einem Tag nicht mehr erleben,
als man aufschreiben kann.

Frères Goncourt

Tag einundzwanzig **Tornio – Oulu**

Draußen ist es trüb, es regnet leicht. Nebel zieht über die Landschaft. Mein Mut sinkt. Ich muss mich in den Arsch klemmen. Das tue ich und fahre los. Es ist sieben Grad kalt. Nein: Es ist sieben Grad warm. Ich ziehe noch einmal die Winterschicht über. Ich finde zuerst die Europastraße E 8, dann bekomme ich Schwierigkeiten mit der Orientierung. Zwei Gümmeler, die mir entgegenfahren, sehen das, halten an und erklären mir, wie ich nach Oulu komme. Der eine sagt, er werde später auch auf meine Route kommen, und später treffe ich ihn tatsächlich wieder. Er führt gut, gibt mir schönen Windschatten und zeigt den Weg. Dann zweigt er ab, ich fahre wieder allein weiter. Es ist trüb und traurig über dem Land.

Ich kämpfe mich durch. Über weite Strecken gibt es parallel zur Straße Velopisten, doch die haben ekelhafte, in die Räder schlagende Querrillen, padam, padam, padam, immer wieder Querrillen, Querrillen, die mich, padam, padam, padam, wahnsinnig machen. Sollen sie doch auf die Straße für die Autos Querrillen legen! Mein Eindruck: Die Straße und die Velopiste sind weniger gut als die in Schweden. Bei einem Supermarkt mit Artikeln für Bauern ist ein Kaffeeständchen. Ich trinke einen Kaffee und esse dazu zwei Biscuits. Das Frühstück war mager, dann die zwei Biscuits, schließlich esse ich noch Biscuit Nummer drei und Nummer vier aus meinem Bordvorrat. Ich werde zum Hungerkünstler. Der hartnäckige Wind kommt von vorne rechts. Ich überlege mir, ob ich früh zelten soll, denn ich habe die Krise. Dann esse ich noch ein Biscuit, und ich kämpfe mich durch bis Oulu, gehe immer wieder auf die Hauptstraße wegen des Padampadam auf den blöden Querrillen-Pisten.

Oulu ist ja ganz hübsch, und ich rekognosziere am Zentralpark schon meinen zukünftigen Zeltplatz. Ich fahre hinauf in die Stadt und lande im Restaurant Istanbul. Endlich sehe ich wieder Türken. Es ist zwanzig Uhr. Hier, in Finnland, ist die Uhr eine Stunde weiter als Schweden. Es war eine verdammt harte Etappe.

Das Restaurant Istanbul ist sehr gepflegt, das Lammfleisch gut, der Wein teuer. Ich fahre hinunter ans Meer, das noch immer aussieht wie ein See, und stelle das Zelt auf. In der Schweiz wäre das wohl eine Frechheit. Wie wird das hier ausgehen?

Ich bin seit drei Wochen unterwegs.

Tag zweiundzwanzig — **Oulu – Kalajoki**

Es liegt dichter Morgennebel. Ein paar Jogger und Hündeler kommen am Zelt vorbei und machen glaube ich freundliche Kommentare, die Hündeler rufen ihre Hunde zurück, damit sie mich nicht in die Zehen beißen oder über einen Hering pinkeln. Ich ziehe mich ziemlich warm an, dann fahre ich los. Auch heute orientiere ich mich an der Haupt- und Europastraße E 8, und damit komme ich gut zurecht. Über weite Strecken gibt es auch hier parallele Velopisten und die sind jetzt viel besser als die Pisten von gestern mit den ewigen Querrillen. Die Landschaft bietet keine ablenkenden Aufregungen. An einer schönen Flussstelle, von einer Brücke, mache ich ein paar Fotos von einer Mühle.

Am Morgen hatte ich eine Muskelverspannung, oben links im Rücken, und ich habe ein Schmerzmittel geschluckt. Jetzt wirkt es.

Am Mittag esse ich in einer Tankstellen-Kneipe guten Fisch.

Nach kurzer Zeit ist der Fisch verbrannt, und ich denke, ich möchte heute Abend wieder zelten. Ich dachte, ich werde wild zelten, dann aber stoße ich hinter Kalajoki auf einen sympathischen Campingplatz. Da ist auch eine Beiz mit viel Holz, die mich an Pistenbeizen in den Bergen in der Schweiz erinnert.

Das Zelt steht. Ich will essen. 19 Uhr 30. Ich überlege, dass ich die Anzahl der Zeltnächte etwas erhöhen sollte. Bis jetzt habe ich erst siebenmal gezeltet, mit der Nacht auf morgen achtmal. Der heutige gute Schnitt ist trügerisch. Vor allem am Morgen konnte ich rassig fahren, am Nachmittag aber hatte ich starken Gegenwind. Das Wald-Camping von Kalajoki ist eine Befreiung. Es ist aber noch gar nicht eröffnet, sagt die Wirtin. Dennoch stehen dort ein paar Wohnmobile. Es ist heute etwas sommerlich.

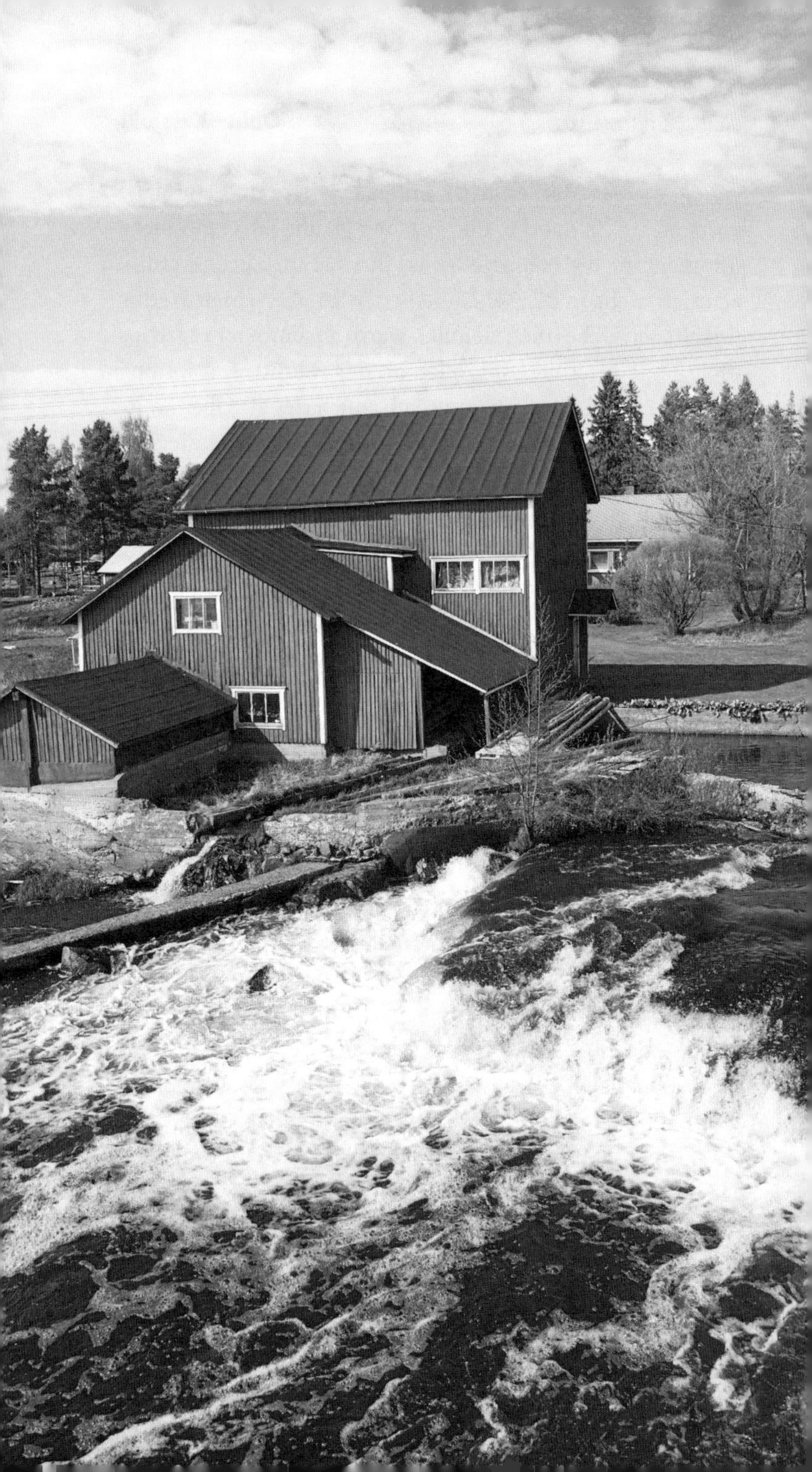

Tag dreiundzwanzig					**Kalajoki – Oravais**

Schon von früh an ist es heute ein Sommertag. Das Frühstück kostet acht Euro und bietet ein tolles Buffet. Dort kämpft auch ein deutsches Paar. Meine Versuche, mit ihnen ins Gespräch zu kommen, scheitern. Vor der Skibeiz spricht mich ein Einheimischer an. Er scheint an mir Freude zu haben und zeigt Sympathie. Er redet Finnisch, ich rede Dialekt. Wir geben uns die Hand.

Von Anfang an ist der Gegenwind zünftig, der Verkehr ebenfalls. Meistens habe ich einen guten Seitenstreifen. Ich nähere mich Kokkola, kurz nach Mittag bin ich dort, nach vier Stunden Fahrzeit. Am liebsten ginge ich hier ins Hotel. Stattdessen esse ich im Restaurant der italienischen »Rosso«-Kette gute Spaghetti Carbonara. Von hier an gibt es nun also wieder italienische Restaurants und dagegen ist nichts einzuwenden.

Dann sehe ich, dass es bis Vaasa noch hundertzwanzig Kilometer sind. Es ist vierzehn Uhr, ich liebäugle mit dem Etappenziel Vaasa, doch das stellt sich als Blödsinn heraus. Der Gegenwind ist nämlich heftig, die Straße hügelig. Jetzt, mit der Finnenzeit, kann ich zwar bis zweiundzwanzig Uhr fahren, doch der Wind zermürbt mich.

Ich habe große Mühe. Es bleiben noch fünfzig Kilometer, und ich denke, die leide ich jetzt einfach durch. Jetzt ist der Wind oft böig. Warum mache ich eigentlich solchen Quatsch, so einen Seich? Meine Moral ist noch nicht in die Socken, aber schon in die Hose gerutscht, dabei ist es ein schöner Sommertag.

In Oravais sehe ich eine Kneipe und ein Camping nahe am Wasser. Die sind eine Erlösung. Ich eile hinein, und ich bekomme auch noch ein Steak. Sommer toll, Wind stark, Moral schwach.

Tag vierundzwanzig	**Oravais – Seinäjoki**

Von Anfang an habe ich wieder und immer noch starken Gegenwind. Ich arbeite schwer, spüre die Müdigkeit der letzten Tage in den Knochen. Oh, es ist hart, hart, hart. Jedes Mal, wenn ich aus dem Wald auf das freie Feld komme, habe ich das Gefühl, der Wind sei doppelt so stark gegen mich. Weit und breit ist auch heute kein anderer Velofahrer zu erblicken, nicht ein einziger, mit dem ich im Gegenwind zusammenarbeiten könnte.

Um dreizehn Uhr bin ich in Vaasa. Ich fahre zum Bahnhof und erkundige mich nach Zügen in Richtung Seinäjoki. In zwei Stunden fährt einer, der auch Velos mittransportiert.

Ich gehe in die Beiz und sehe in der Zeitung, dass die Südwindstärke heute ELF beträgt, dass sie morgen noch ACHT sein soll. Ich entscheide mich für die Variante weg von der Küste. Ich schummle also, rücke ab von der Idee, die Ostsee und das Baltikum immer der Küste entlang zu umrunden. Heute habe ich eine so schwache Moral, dass mir das egal ist. Wäre ich vernünftig und konsequent, würde ich hier einen Ruhetag einlegen und dann mit gestärkter Moral weiterfahren. Nun aber bin ich inkonsequent und unvernünftig. Was ist Konsequenz, was Vernunft? Heute sind mir beide egal.

Der Velotransport im Zug nach Seinäjoki geht problemlos vonstatten. Ich nehme den Regionalzug. Die Angestellten sagen, ich könnte das Velo auch im Intercity-Zug transportieren, doch der Regionalzug ist mir recht. Die Bahnstrecke Vaasa–Seinäjoki scheint vollkommen flach zu sein.

Jetzt sitze ich in Seinäjoki, wo ich vor zehn Jahren schon einmal war; beziehungsweise wir waren. Ich gehe in ein Hotel, das mich zum Glück nicht an dasjenige erinnert, wo wir damals waren, auf einer Reportage.

Nach achtzehn Uhr. Ich brauche morgen einen Ruhetag, und der Wind braucht auch einen Ruhetag.

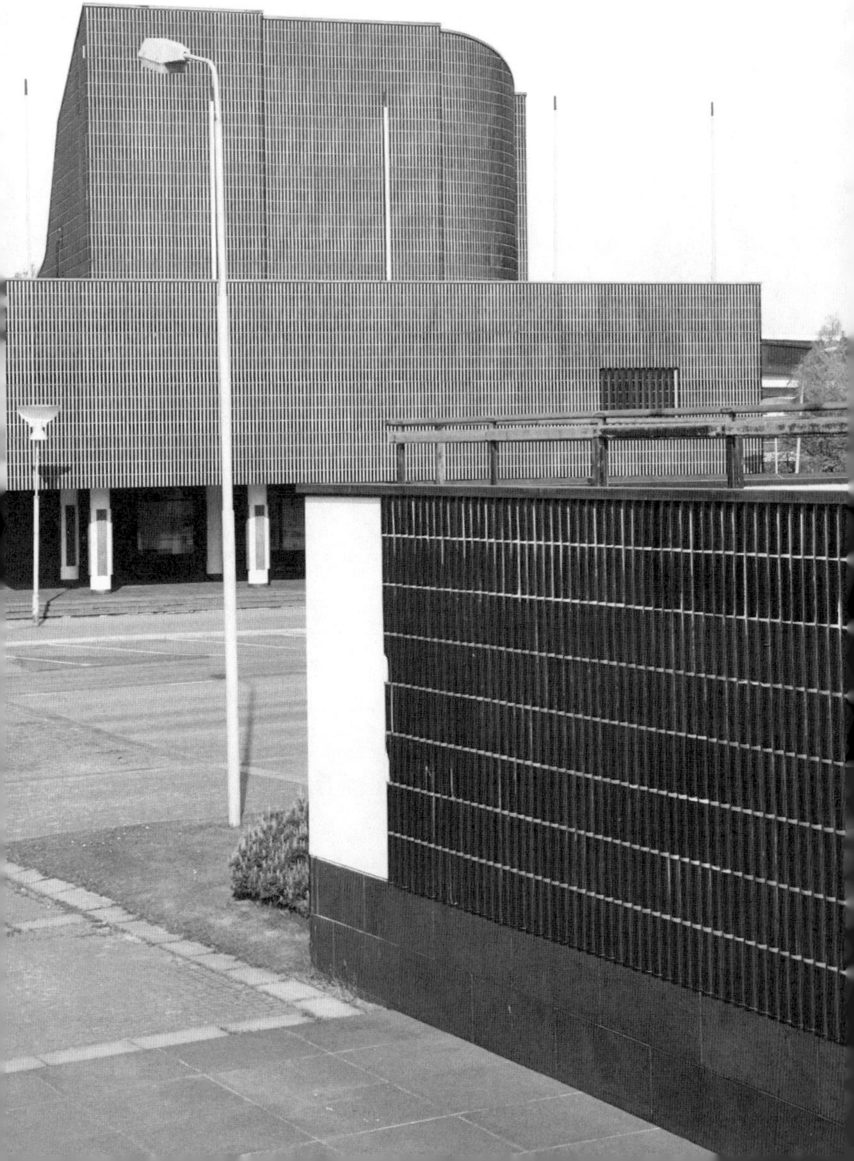

Auf dem Trottoir spricht mich eine alte Frau an. Sie sitzt in einem Rollstuhl. Ich bin gerade am Paffen und glaube von ihr zu verstehen, sie möchte eine Zigarette von mir. Sie spricht Finnisch, ich spreche Dialekt. Da schicke ich mich an, ihr mein Päckli North-State-Zigaretten zu schenken, doch sie meint etwas Anderes. Ich bitte eine Passantin um Übersetzung. Sie übersetzt, die Frau im Rollstuhl möchte, dass ich für sie drüben am Kiosk ein Paket Marlboro rot und soft kaufe. Das mache ich gerne und bringe sie ihr. Sie macht keine Anstalten, mir die sechs Euro zu zahlen, die ich auch nicht akzeptiert hätte, doch ich glaube zu verstehen, dass sie sich überschwänglich bedankt.

Tag fünfundzwanzig **Ruhetag in Seinäjoki**

Die Stadt Seinäjoki ist sehr luftig gebaut, ist geräumig und großzügig. Sie hat, auch wenn die Zukunft vor sechzig Jahren begonnen hat, immer noch etwas Futuristisches. Wie heißt der Architekt schon wieder, der stark am Bau beteiligt war, der die Kirche und das Stadthaus entworfen hat? Wieder einmal suche ich in meinem Hirn ein paar Minuten lang einen Namen. Ah ja, Alvar Aalto heißt er. Ich erinnere mich, dass es vor zehn Jahren schöne Architektur-Ansichtskarten gab. Jetzt betreibe ich eine meiner Lieblingssportarten und frage mich nach schönen Postkarten von Laden zu Laden durch Seinäjoki. Ich gehe zu einem halben Dutzend Kioske und in Buchläden, doch nirgends finde ich mehr eine anständige Postkarte mit der schönen Architektur.

Ich bin früh aufgestanden, um im guten Licht zu fotografieren, kriege ein paar Bilder hin und gehe dann erst frühstücken.

Auch die Finnen sind ein sehr eigenartiges Volk. Sie sind

verschlossen, sie grüßen sich gegenseitig nicht, jeder setzt sich möglichst allein in die Ecke, Blick gegen die Wand. Verhalten sie sich so, weil ich nicht verstehe, wie man mit ihnen umgeht, weil ich ihre Kultur nicht kenne? Spreche ich sie falsch an?

Ich setze die erfolglose Suche nach anständigen Postkarten fort, finde aber auch keine in neu entdeckten Buchhandlungen, und heute ist das Verkehrsbüro geschlossen. Dann gehe ich in den Internetraum, und es gelingt mir, die E-Post anzuschauen. Hereingekommen sind 170 Mails, 130 von ihnen, mit unbekannten Absendern, lösche ich ungelesen.

Zwei Redaktionen bestellen per E-Post Texte bei mir. Die eine möchte eine Geschichte über die Hauptstraße 2 via Gotthard quer durch die Schweiz, die andere bittet um eine Reportage übers Radeln im Kanton Graubünden. Gotthard und Graubünden sind so weit in der Ferne, und beide Redaktionen wollen die Geschichten bis Ende Mai. Da muss ich absagen und bin danach erleichtert. Dann schreibe ich Briefe auf Papier und die paar Postkarten, die ich nun doch gefunden habe. Sonst langweile ich mich ein wenig, weil ich nicht Rad fahren, weil ich mit niemandem reden kann und der Wiederaufbau der Moral etwas Zeit braucht.

Heute treffe ich wieder die alte Frau im Rollstuhl, für die ich gestern Marlboro gekauft habe. Sie spricht mich abermals an, auch heute bitte ich einen Passanten um Übersetzung. Er übersetzt, dass sie von mir gerne zwanzig Euro hätte, die sie mir morgen zurückgeben würde. Ich lache und schenke sie ihr.

Im Hotel begreife ich, dass der Gebrauch des Fernsehgeräts in meinem neunzig Euro teuren Zimmer pro Tag dreiundzwanzig Euro kosten würde. Das ist sauteuer, aber eigentlich in Ordnung. Dennoch verzichte ich auf den Fernsehgenuss. Lieber schenke ich der Frau im Rollstuhl noch weitere zehn Euro.

Mir fällt auf, wie viele fette Menschen hier zu sehen sind. Auch viele junge Menschen, Burschen wie Mädels, sind übergewichtig. An den Buffets – fast alles hier ist Buffet – sehe ich, dass sie etwa so essen wie die US-Amerikaner, viel zu viel auf den Teller schaufeln, weil es ihnen zu anstrengend ist, zweimal zum Buffet zu wandern. Lieber lassen sie ein Drittel der aufgeladenen Speisen auf dem Teller stehen.

Jetzt höre ich auf zu motzen. Am Nachmittag bin ich in einer Bar und trinke so eine Gin-Limonade, wie sie hier Mode ist, deren Namen ich aber vergessen habe. Die Bar wird geführt von einer Finnin und ihrem Partner aus Jamaica. Der Jamaikaner spricht gut Französisch, weil er in Frankreich gelebt hat. Seine Rasta-Zöpflein reichen bis hinunter an seine Waden. Es ist ein guter Moment, während einer halben Stunde Französisch zu reden.

Das Nachtessen nehme ich bei einem Italiener ein, in der Casa Grande. Ich bekomme mit, dass die Finnen in der Eishockey-Weltmeisterschaft das Spiel gegen die Tschechen zwei zu null gewonnen haben. Es ist ein Sommerabend, und ich weiß noch immer nicht, wo diese Weltmeisterschaft überhaupt stattfindet. Immer im Mai fahre ich irgendein Meer entlang, sehe in den Kneipen am Fernseher Eishockey-Spiele und weiß nicht, wo die Weltmeisterschaft stattfindet. Auch jetzt, im Signet zur Ankündigung, taucht kein Ortsname auf. Das Eishockeyspiel an diesem sonnigen Abend läuft auf einer Großleinwand auf der Casa-Grande-Terrasse. Warum spielen die noch Eishockey, wo doch bald der Sommer beginnt?

Tag sechsundzwanzig **Seinäjoki – Virrat**

Frühstück um sieben Uhr. Da sitzen wieder diese missmutigen Gäste im Luxushotel, unter ihnen eine Gruppe von Motorradfahrern mit ihren Töffbräuten, alle übergewichtig. Dann ein Paar, das akademisch aussieht, beide tragen riesige, schwere Brillen. Sie sehen aus wie in einem Gruselkabinett. In Finnland habe ich das Gefühl, ich sei der Hübscheste, denn alles ist relativ. Damit setze ich meinen negativen Gedanken ein Ende.

Der Himmel ist bedeckt, es regnet kurz und ich lache. Kurz nach acht Uhr fahre ich los, frage mich durch zu meiner Straße und finde sie. Die Finnen haben mit ihren Straßennummern ein so patentes System, dass ich auch auf Nebenstraßen weniger Irrfahrten mache als in anderen Ländern.

Die ersten fünfzig Kilometer sind flach und wenig aufregend. In Alavus nehme ich in einem jener riesigen ABC-Restaurants eine Morgenverpflegung ein. Dann muss ich im Wald hofieren, und ausgerechnet bei dieser Beschäftigung erblicke ich einen Gümmeler, der vorne auf der Straße vorbeifährt, schwarz angezogen wie ein Pastor. Ich lache. Zum Glück fährt er in der Gegenrichtung. Auf der ganzen Etappe bleibt er der einzige Velofahrer, den ich sehe. Es ist ein Sommertag, um die 25 Grad warm, die Straße ist toll. Ich verstehe die Welt wieder einmal nicht, weil ich ein Außerweltlicher bin.

In Alavus finde ich meinen zuverlässigen Türken, und der macht mir eine sehr gute Kebab-Pita. Daneben sehe ich einen Pub 66, dessen Schildgrafik der Route 66 nachempfunden ist, ich denke nur Route Sixty Six, Route Sixty Six, ich Idiot, und erst später merke ich, dass der Pub 66 seinen Namen mit Recht trägt, denn auch hier sind wir auf der Route Sixty Six, nämlich auf der finnischen Fernverkehrsstraße 66. Item, ich mache ein paar Fotos.

Es sind auffällig viele Wohnmobile unterwegs. Wohin, in welche Ferne fahren die alle? Auch das Dorf Alavus ist menschenleer, der Türke abermals die einzige gute Menschenseele. Dann wird die Landschaft sehr hübsch, hügelig und mit Seen. Das Licht ist schlecht zum Fotografieren. Und das heißt, ich bin ein schlechter Fotograf.

Etwas hinter Virrat sehe ich einen Wegweiser zu einem Campingplatz und zweige links ab. Ich komme zu einem See, der Siekkisjärvi heißt. Der Zeltplatz liegt direkt an ihm. Hier nun ist es umwerfend schön. Die Campingfrau fragt, ob ich die Campingkarte habe. Aber sicher habe ich die Campingkarte, für viel Geld in Schweden gekauft. Die Frau sagt, mit der Karte koste der Platz zwei Euro weniger und ich könne das Zelt aufstellen, wo ich wolle; offenbar bin ich der einzige Gast.

Ich stelle das Hubbahubba-Zelt direkt am Wasser auf. Die Sonne scheint, der Wind bläst immer stärker, und am Horizont braut sich vielleicht ein Gewitter zusammen. Ich ziehe die kurze Zivilhose an, setze mich auf den Holzsteg über dem Wasser. Das Wasser ist warm. Ich streife die Hose ab, beschwere sie mit einem Stein, damit der Wind sie nicht wegträgt. Ich lasse mich ins Wasser gleiten zum herrlichen Bad. Das Wasser ist von einer moorigen Farbe, so wie rostig, sehr schön. Oh, was geschähe, wenn der Wind stärker wäre als der Stein schwer und meine Hose wegtrüge? Da kommt mir die Tschechow-Geschichte »Der Roman mit dem Kontrabass« in den Sinn, in der einem Mann, während er im Fluss ein Bad nimmt, die abgelegten Kleider gestohlen werden.

Oben in der Camping-Kneipe neben der Réception gibt es ein Sandwich und zwei Biere. Ein dicker Mann sitzt auch dort und spricht Deutsch. Er erzählt, er habe für seine Firma in 52 Ländern der Welt gearbeitet und eine Zeitlang in Adliswil gewohnt. Heute kämen Menschen aus Thailand nach Finnland, um hier Heidelbeeren zu pflücken, und damit verdienten sie gutes Geld, während die Afrikaner nur an den Bahnhöfen herumhingen, sagt der dicke Mann.

Auch hier ist nichts los am Abend. Es ist Viertel vor sieben. Das Bad ist genommen, das feuchte Sandwich aus dem Kühlschrank gegessen, die Biere getrunken. Eigentlich könnte ich also das Zelt abbrechen und weiterfahren. Stattdessen gehe ich wohl bald ins Bett, wie ein guter Finne. Die Gewitterfront von vorhin scheint unentschlossen. Die Réception-Frau, die auch in der Beiz bedient, sieht russisch aus.

Ich verstehe nicht. Das achtjährige Mädchen, das an der Réception ein- und ausgeht, scheint die Tochter der Frau zu sein. Dann aber verschwindet das Mädchen mit dem dicken Mann, mit dem ich mich unterhalten habe. Das Auto fährt weg. Ich gehe hinunter zum Zelt und krieche hinein. Ich schlafe ein, erwache später, weil ein gewaltiges Gewitter über das Land bricht.

Auch heute, an einem Sonntag, habe ich nur einen einzigen Gümmeler vorüberfahren gesehen.

Tag siebenundzwanzig   **Virrat – Tampere**

Der Morgen ist so trüb, dass ich immer wieder einschlafe. Ich habe Zeit. Erst um acht Uhr stehe ich auf, packe das nasse Zelt ein. Zum Frühstück mache ich eine heiße Schokolade und eigene Sandwiches mit dem drei Wochen alten Brot aus Schweden und Salami, den ich neulich gekauft habe. Das ist ein sehr gutes Frühstück, finde ich. Bald habe ich keine Esbit-Tabletten mehr, dann werde ich Feuer mit Holz machen, denn Holz gibt es hier genug, und das ist beruhigend.

Ich steige hinauf zum Kioski. Zum ersten Mal lächelt Madame Kemping. Sie klagt, wie sehr sie sich gefürchtet hätte letzte Nacht, wegen des starken Gewitters. Mir kommt

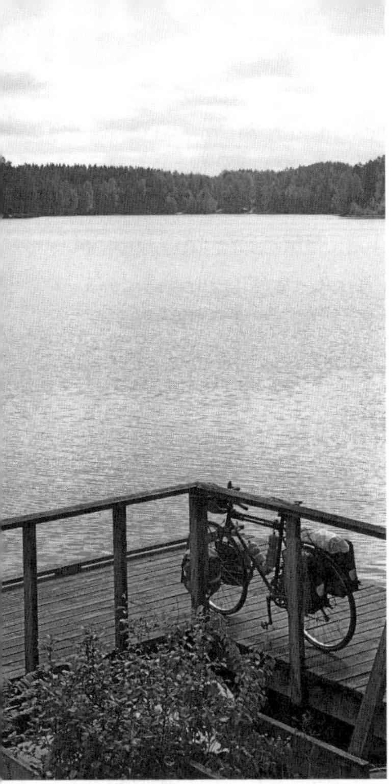
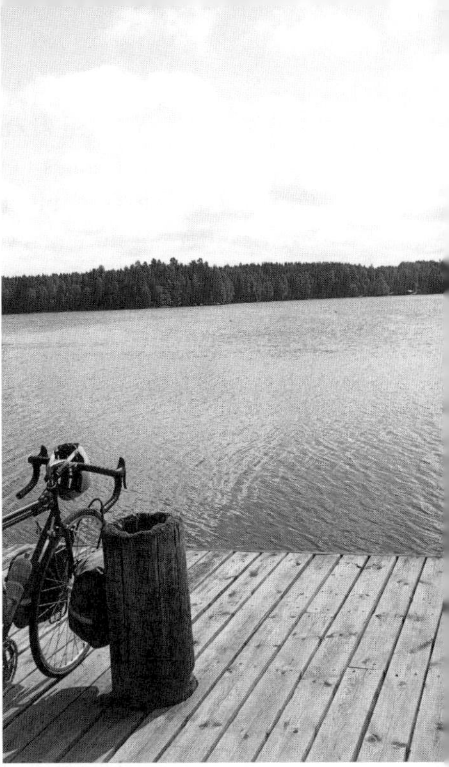
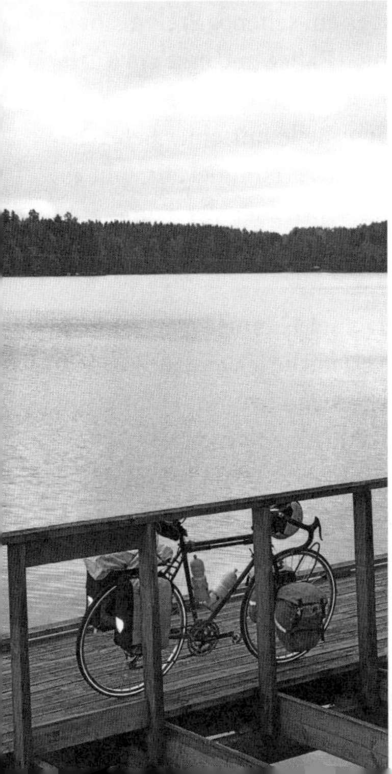
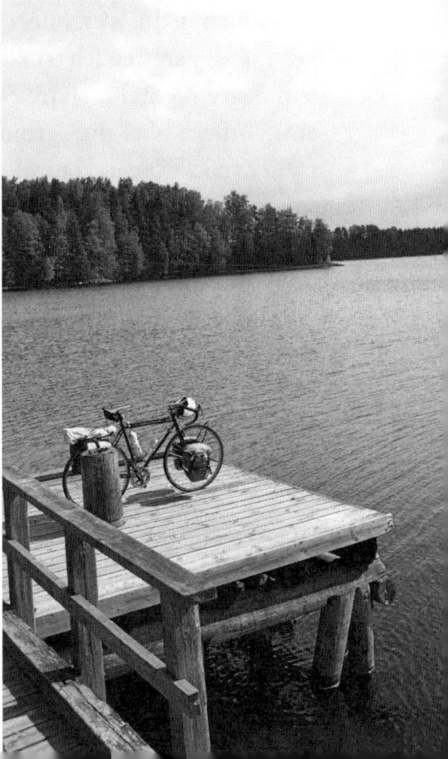

Georges Brassens' Lied »L'Orage« in den Sinn. Darin flieht eine Frau während eines Gewitters ins Haus des Nachbarn, pocht an dessen Türe, bittet ihn um Beistand und Obdach. Das Gewitter hat ihr einen solchen Schrecken eingejagt, sie war alleine zu Hause, weil ihr Mann, stets während der Gewitter, als Handelsreisender einer Blitzableiterfirma von Haustür zu Haustür eilt, um genau dann, zu bester Geschäftszeit, Blitzableiter zu verkaufen.

In der grauen Feuchtigkeit nach dem Gewitter mache ich mich auf den Weg. Ich dachte, heute könne ich auf der schönen, weiten Seenplatte Fotos machen, doch es sieht nicht so vielversprechend aus. Ich fahre etwas lahm, blicke in Gedanken an Georges Brassens' Lied immer wieder zum Himmel, um zu schauen, wie es mit den Wolken und der Sonne steht.

In einem Dorf kaufe ich Zigaretten und paffe wieder in die Einsamkeit, einen Weiler weiter gibt es eine Bäckerei mit einer fröhlichen Bäckerin. Wenn hier einmal ein Mensch freundlich in die Welt blickt, ist es ein seltenes Ereignis und der Tag ist gerettet. Ich trinke einen Kaffee und esse ein Küchlein, lasse die Zeit verstreichen. Das lohnt sich. Als ich zu einer Brücke über die Verbindungsstelle mit einer Schleuse zwischen zwei Seen komme, heitert der Himmel auf, gibt es sogar Sonnenschein. Ich arbeite schwer an der Fotografie, mache Stillleben. Ich passe immer wieder das gute Licht ab und drücke dann auf den Auslöser.

Der Himmel wird klarer, da sind Himmel, Wälder und Seen schön beieinander. In Ruovesi suche ich eine Beiz, doch da ist keine. Ich steche hinunter an den See, wo Schiffe vor Anker liegen, fotografiere dort wohl eine Stunde lang, auch mit dem Stativ, damit man den Spinner auf dem Velo sieht.

Ich radle hungrig weiter. Bei einer Tankstelle ist eine Beiz, ich esse ein Sandwich, dann ein beleidigtes Brot mit Fisch drauf. Auf der Terrasse vor der Beiz sitzen fünf Töfffahrer. Als ich ankomme, grüße ich sie. Sie sagen kein Wort. Da fährt ein Auto heran mit einem tollen Rennvelo auf dem Dach. Der Autogümmeler kommt herein, denn ich sitze drinnen, ich grüße ihn freundlich-freudig und velobrüderlich, doch er blickt weg und fühlt keine Verwandtschaft. Wenn ich mein Velo auf einem Autodach hätte, könnten wir fachsimpeln über das Befestigungssystem für das Velo auf dem Autodach. Ich fühle mich niedergeschmettert, ohne dass jemand eine Faust ballen muss.

Ich verpasse etwas weiter die Abzweigung zur Straße 338, biege dann weiter südlich auf die Straße 58, und die ist eine schöne Landstraße. Ich fahre durch ins Zentrum von Tampere. Tampere ist eine schöne Stadt. Ich finde genau die Stelle, wo ich schon einmal vor zehn Jahren auf der bereits erwähnten Reportagereise war. Wieder lande ich in einem italienischen Rosso-Restaurant, esse gut und bin zufrieden. Es ist 20 Uhr 30. Ich bin froh, dass ich ein paar Fotos habe machen können.

Nach dem Nachtessen fahre ich hinaus zum Zeltplatz, was am Schluss eine Fahrt von sechs Kilometern ist. Es ist fast zehn Uhr, immer noch Tag, der Zeltplatz sehr schön. Außer ein paar Wohnmobil-Zombies bin ich der einzige Gast hier, bin also der einzige Zelt-Zombie; der einzige Velo-Zombie bin ich schon lange. Ich komme auf die Idee, mir hier ein Feuer zu machen, und ich genieße das kleine Feuerlein sehr. Da kommt ein Entenpaar vorbei und später ein Hase, um dem Velo-Zelt-Zombie Guten Abend Gute Nacht zu sagen. Es ist so kühl, dass ich zum Schlafen wieder einmal die Mütze über den Scheitel ziehe. Ich schlafe gut, mit ein paar Pausen.

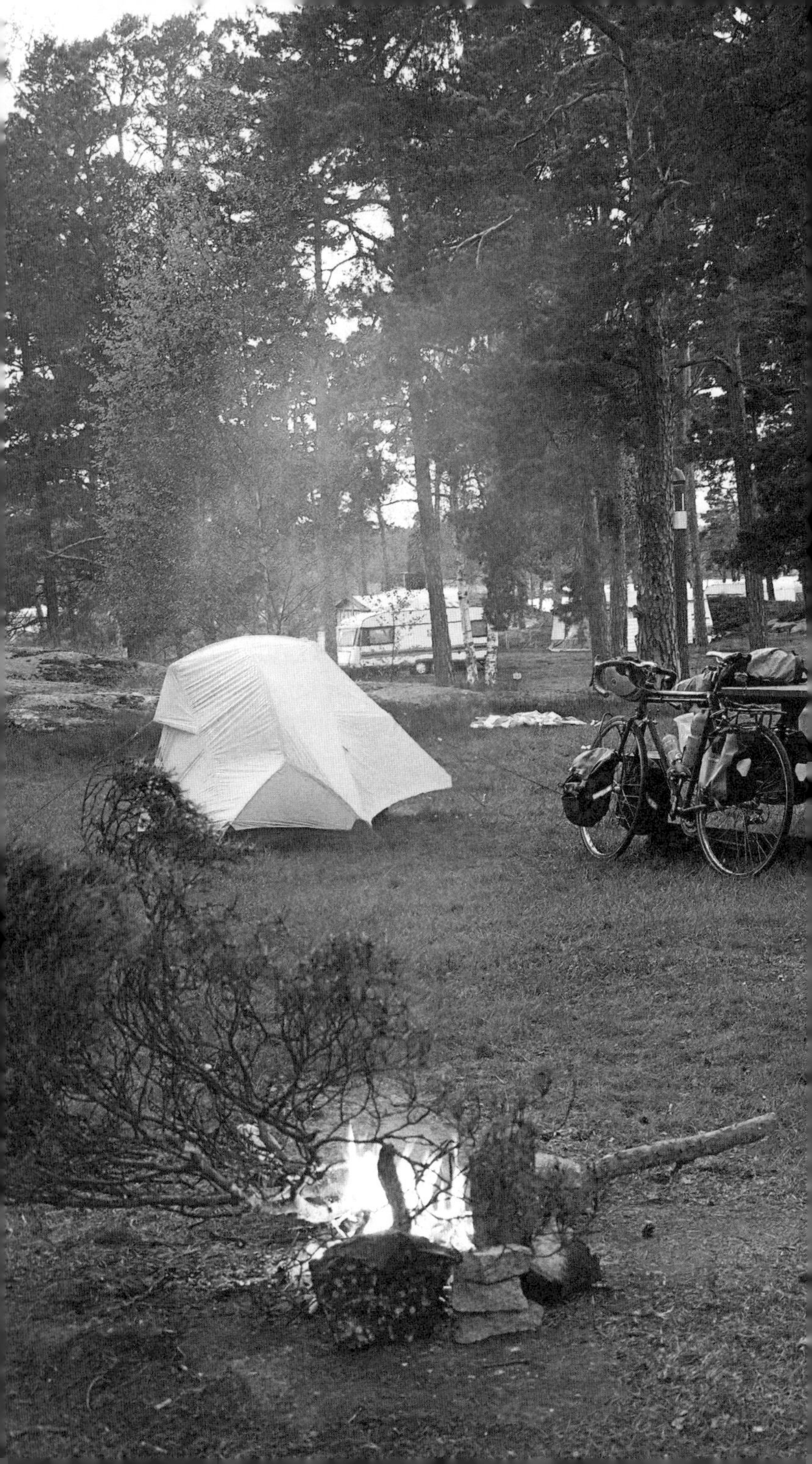

Tag achtundzwanzig **Ruhetag in Tampere**

In der hellen Nacht sehe ich, dass es grau ist und nass, schlafe wieder. Erst um Viertel nach neun Uhr stehe ich auf und freue mich auf das Frühstück, zu dem ich in den Pavillon bei der Réception gehe. Das Frühstück ist teuer und eine Enttäuschung. Es ist sechs Grad warm oder kalt, jetzt beginnt wieder der Regen zu fallen. Da ich gut im Zeitplan bin, mache ich heute, wie gestern schon überlegt, einen Ruhetag. Das Zelt mag ich nicht stehen lassen, ich mag bei diesem Wetter nicht noch einmal in die Stadt hinein- und dann wieder hier hinausfahren.

Auf dem Stadtplan habe ich zwei Hostels gefunden, das Sofia und das Dream Hostel. Ich suche nach dem Sofia Hostel, doch die Coiffeuse gleich daneben sagt mir, dass es nicht mehr existiere.

Mich friert, und es regnet.

Vorhin habe ich ein chinesisches Restaurant gesehen. Dorthin fahre ich jetzt, mit Lust auf eine heiße, scharfe Suppe. Alle trübsinnigen Finnen sind schon im Buffetkampf verstrickt. Ich mag nicht ans Buffet gehen. Doch das passt dem Chefchinesen, der mich bedient, gar nicht; und das zeigt er mir durch seine rotzige Unfreundlichkeit. Ich will nur eine Peking-Suppe und ein Tampere-Bier. Die Suppe ist erbärmlich klein für den Preis.

Was mache ich in dieser kalten und nassen Stadt mit der Erinnerung an eine missglückte Reportagereise?

Schräg vis-à-vis von mir sitzt am Fenstertisch allein eine hübsche Frau, so hübsch, wie sie hier selten hübsch sind. Auch sie ist beteiligt an der Buffetschlacht und geht deshalb mehrmals hin und her zwischen ihrem Tisch und dem Buffet. Sie hat Schuhe mit hohen Absätzen, die sie elegant einsetzt, indem sie ein wenig mit ihnen klappert. Und sie hat eine sportliche Figur. Zwischen ihr und mir gibt es jetzt, quer durch ganz Finnland und China, Augenklimper hin und Augenklapper her. Sie spricht mich an, auf Englisch. Sie fragt, ob das Velo dort draußen an der Bank und unter dem Regen meines sei. Ist es. Sie macht ein freundliches Handzeichen, ich solle mich an ihren Tisch setzen. Ich stehe auf, gehe an ihren Tisch und stelle mich vor. Sie heißt Johanna, ist verheiratet und Mutter einer zehnjährigen Tochter. Wieso zählt jede Frau, die man trifft, gleich zu Anfang ihre Kinder auf, wie viele und wie alt? Johanna ist Ärztin. Dann fragt sie, ob ich auch Deutsch verstehe, fährt fort in einem sehr guten Deutsch. Sie hat in Deutschland gelebt und gearbeitet.

Sie lobt die Vorzüge Finnlands, das sie mit ihrer Familie vor allem im Winter auf den Langlaufski in Lappland liebt. Die Tochter haben sie in der Troika jahrelang hinten mitgezogen. Johanna widerlegt sämtliche Vorurteile, die man gegen die Finninnen und Finnen haben kann, die ich habe. Dann verabschiedet sich Johanna, und mein Herz klopft eine Weile schneller als sonst.

Im kalten Regen mache ich mich wieder auf die Suche nach einer Unterkunft. Ich denke, ich nehme die erstbeste, ich will an die Wärme und ans Trockene. Ich Luxusmensch bin zu faul, um nach dem anderen Hostel zu suchen und lande im Hotel Victoria. Das Zimmer kostet, Schluck, hundertzehn Euro. Ich denke Victoria Jungfrau und zahle gleich. Das Zimmer ist hübsch, und ich kann das nasse Zelt zum Trocknen auslegen. Ich rasiere und dusche.

Ich gehe ins Lenin-Museum. Es dokumentiert Lenins Biografie und seine persönliche Beziehung zu Finnland, auch die russisch-finnischen Beziehungen, politisch. In einem der Museumsräume sollen sich Lenin und Stalin zum ersten Mal begegnet sein. Ich habe da noch eine Menge zu lernen.

Danach packt mich weiß ich was, und ich mache mich doch noch auf die Suche nach dem anderen Hostel, dem Dream Hostel. Es windet, es regnet und ist schneidend kalt, ich habe nicht einmal Socken an den Füßen, doch mit dem lumpigen Stadtplänchen finde ich das Dream Hostel und erkundige mich nach dem Tarif. Im Viererzimmer zahle ich 28 Euro, also ein Viertel von dem, was ich im Victoria Jungfrau zahle. Das ist kapitalistische Logik und ganz gut so. Diese Logik wird nur von den Zeltlern unterlaufen.

Ich merke, dass es vom Dream Hostel zum Victoria Jungfrau zu Fuß bloß fünf Minuten sind. Wieso tue ich mir diese mathematischen Übungen an, wo ich doch schon ein Zimmer gebucht habe?

Unten im Victoria ist ein Pub. Dort kehre ich ein. Am Fernseher wird gerade die Giro-Etappe übertragen. Sie führt bei Schneetreiben über Gaviapass und Stilfserjoch, dann den Vinschgau hinauf. Die Profis, diese armen Siechen, kämpfen sich durch den Schnee, und hier ist bloß ein wenig Regen. Worüber jammere ich also?

Ich spaziere ins Steakhouse. Ich glaube, wir waren vor zehn Jahren während der Dienstreise auch dort. Ich will kein Haus, aber ein Steak. Schon kommt es. Es ist sehr gut, die Béarnaise dazu hat Weltklasse. 20 Uhr 20. Als ich hinaustrete, sehe ich den Himmel aufgeklart. Morgen früh stehe ich auf und entscheide, ob ich ins Dream Hostel ziehe oder nach Osten radle.

Tag neunundzwanzig **Tampere – Tuulos**

Der Himmel ist grau bedeckt, die Straße trocken. Sechs Grad am Morgen. Ich beschließe, weiter zu radeln. Kurz nach acht Uhr bin ich unterwegs, in Richtung Hauptstraße 12. Die Zufahrt hat eine gute Velopiste, die ich gerne benutze. Am Stadtrand wird die Hauptstraße aber eine Autostraße, ich suche Parallelen und finde keine, irre eine Zeitlang herum.

Ausgerechnet in solchen Situationen kommen mir die schwachsinnigsten Gedanken in den Sinn. Heute geistert der Begriff der Autostraße mit dem Signet eines entgegenfahrenden Personenautos in meinem Kopf herum. Die Schweizer Autostraße heißt in Deutschland Kraftfahrstraße, und auf beiden ist das Radfahren nicht erlaubt. Ich muss wieder einmal über die Sprache lachen. Ich schreie Kraftfahrstraße, Kraftfahrstraße zum grauen Himmel. Kraftfahrstraße ist so ein germanisches Wort wie Bürgersteig, Einkehrstätte, Sättigungsbeilage oder Abendbrot. Und die Kraftfahrstraße braucht viel Fahrkraft und gute Nerven, denn ich fahre nun schon vier oder fünf Kilometer auf dem mir also eigentlich untersagten Pannenstreifen der Kraftfahrstraße 12. Das scheint niemanden zu stören, nur einen Einzigen, der hupt. Ich schreie ihm »Kraftfahrstraße, du Abendbrot!« hinter her. Dann aber ist mir die Sache nicht mehr geheuer, ich verlasse mit meinem Fahrrad die Kraftfahrstraße und irre wieder herum.

Ich will die Kraftfahrstraße, der faszinierende Begriff bleibt mir nun, also die Kraftfahrstraße Nummer 12 gegen Nordosten hin vermeiden. Eine freundliche Straßenarbeiterin erklärt mir, wie ich es schaffe, auf die Straße 325 zu gelangen. Die ist sehr schön, hat über eine weite Strecke eine Luxus-Velopiste. Es ist kalt, Gegen- und Seitenwind sind stark, und ich fühle mich ihnen mit meiner Fahrkraft nicht gewachsen. Da radeln mir zwei Gümmeler entgegen, sie kommen mir vor wie eine wundersame, eine erlösende Heilserscheinung, deshalb winke ihnen freudig zu und rufe heihei, sie aber schenken mir bloß ein müdes Pastorennicken; sie sind ja auch schwarz gewandet wie die Pfaffen. Wieder einmal fühle ich mich elend, allein und einem sinnlosen Tun verfallen.

In diesen Tagen suche ich während des Radelns nach Namen. Jetzt frage ich mich, wie der französische Radprofi mit dem blonden Haarschwänzchen und der Nickelbrille heißt, der im Jahr 2010 im Alter von fünfzig Jahren gestorben ist. Zu ihm fallen mir Einzelheiten ein, zum Beispiel, dass er 1989 mit einem Rückstand von acht Sekunden auf Greg Lemond bei der Tour de France Zweiter wurde. Ich erinnere mich auch, dass er Tierarzt war, ein Intellektueller unter der Mehrheit sportlicher Einfaltspinsel, auch daran, dass er selbst in der blendendsten Julisonne nie eine Sonnenbrille trug. An all das erinnere ich mich, doch sein Name kommt mir nicht in den Sinn. Etwa eine Stunde lang radle ich dem Namen nach, bis mein Hirn ihn eingeholt hat: Laurent Fignon.

Eine andere Namenssuche ist mir neulich passiert mit dem Autor des Romans *Kein schöner Land*. Diese Suche ist umso bedenklicher, als ich diesen Autor persönlich getroffen und mit ihm sogar Lesungen durchgeführt habe. Tagelang habe ich beim Erwachen nach dem Namen gesucht. Bald dämmerte mir der Vorname: Silvio heißt er. Wie aber ist der Familienname? Blatter, Silvio Blatter. Blatter, diesen Namen kann man sich doch leicht merken, weil er so berühmt ist wegen der FIFA und ihres Ex-Chefs Sepp Blatter, logisch. Mit dieser mafiösen Eselsbrücke möchte ich den Silvio Blatter aber nicht beleidigen. Das mit Silvio Blatter fand ich glaub ich vorgestern heraus, und heute sind mir seine Vor- und Familiennamen schon wieder entfallen. Ist das der Anfang zyklistischen Altersschwachsinns, oder ist es Alzheimer?

Schon in Sahalahti, nach vierzig Kilometern inklusive Irrfahrten, bin ich hungrig, als ob ich nicht gefrühstückt hätte. Bei der Tankstelle ist eine Kneipe. In den Wannen unter der Scheibe entdecke ich die Sättigungsbeilage namens Gratin dauphinois und ... Blunzen. Das ist kein Witz, mein Herz lacht, und im Mund läuft mir das Wasser zusammen. Von Blunzen und Gratin lasse ich mir eine zünftige Portion auf den Teller laden, dazu trinke ich eine Limonade. Dann esse ich noch ein Schokoladegebäck, trinke Kaffee. Jetzt habe ich wieder Kraft, Blunzenkraft, um auf der Kraftfahrstraße kräftig zu fahren.

Ich studiere die Karte und finde eine Abkürzung hinunter und zurück auf die Kraftfahrstraße 12. Die will ich nehmen und hoffe, dass sie von Tuulos nach Lahti nicht mehr eine Kraftfahr-, sondern nur noch eine Hauptstraße sein wird. Die Abkürzung führt sehr schön zwischen Seen durch, über Felder und durch Wälder, doch das Wetter ist garstig, der Wind stark, und immer wieder regnet es. Die Straße ist ein Flickenteppich von Frostschäden.

Oh, es ist wieder einmal ein harter Arbeitstag, der viel Fahrkraft erfordert. Und so arbeite ich halt hart. In Tuulos gelange ich auf die Hauptstraße. Sie ist jetzt, wie erhofft, nicht mehr Kraftfahrstraße, Velofahrer sind auf ihr geduldet. Der Verkehrsfluss ist emsig, der Seitenstreifen gut, und ich nehme ihn mir. Etwas weiter, hinter einer Unterführungskreuzung, taucht eine mächtige Raststätte mit verschiedenen riesigen Läden auf. Ich habe erst hundert Kilometer auf dem Zähler, und die Moral ist so auf Kniehöhe. Schon wieder bin ich hungrig. Ich kurve zur Gast- oder Einkehrstätte, wieder verfolgt mich die großdeutsche Sprache, und deshalb nehme ich jetzt Kuchen-Kaffee.

Ich sehe, dass sie hier Zimmer vermieten und erkundige mich. Die Übernachtung kostet 79 Euro. Ich überlege ein paar wenige Minuten, dann entscheide ich mich fürs Hierbleiben. Die Réception-Frau erklärt mir, wie ich das Velo im Parkhaus abstellen kann. Mein ABC-Restaurant – schon wieder ABC und gut so! – ist in einem so großen Komplex, dass ich Mühe habe, die Abfahrt hinunter ins Parkhaus zu finden. Schließlich finde ich sie, und das Parkhaus missfällt mir. Parkhaus? Wieder überfällt sprachlicher Schwachsinn mein Hirn. Parkhaus heißt auf Italienisch Autosilo, und ich sehe vor mir ein Silo, neben dem ein Riese steht, der mit seinen mächtigen Händen Auto um Auto von der Straße aufhebt und oben in das Silo hinein schmeißt. Ich bin also ganz unten im Autosilo, wo es mir nicht gefällt, und schließe das Velo erst einmal an eine Röhre, irre dann durch das Monster zurück an die Kasse mit der Réception-Frau, wo noch meine Taschen stehen. Die Réception-Frau lacht, als sie mich wiedersieht. Vorhin habe ich ihr meine Sacochen anvertraut und dort stehen lassen, jetzt nehme ich mein Gepäck und bringe es hinauf ins Zimmer. Auch das ist riesig und hat zur Autostraße hin eine gläserne Fensterfront. Jetzt aber, wo ich die Anlage schon ein wenig kenne, sause ich mit dem Lift in den Keller, hole das Velo und stelle es in mein Zimmer.

Wenn ich es richtig berechne, habe ich heute den dreitausendsten Kilometer auf dieser Reise zurückgelegt. Ich werde nachdenklich und stelle Rechnungen an: Um die sechstausend Kilometer zurückzulegen, habe ich zwei Monate Zeit. Jetzt habe ich die Hälfte der Reise in weniger als einem Monat geschafft. Also könnte die Planung aufgehen. Den dreitausendsten Kilometer meiner Velotour feiere ich einsam in einer Europastraßen-Raststätte. Ich lache. Zur Feier trinke ich ein Bier bei Madame Sirin, sprich Schirin, aus der Türkei, die ein paar Wörter Französisch spricht, diese gerne an mir ausprobiert und dann stolz meine Komplimente in Empfang nimmt.

In diesem riesigen Konsumtempel gibt es ein paar Kneipen, die ich mir auf einem Rundgang in Augenschein genommen habe. Es ist 18 Uhr 30, und bald gehen die Finnen zu Bett, weil sie zum Abendbrot – das Wort erinnert mich eben an Kraftfahrstraße, Sättigungsbeilage und Einkehrstätte – so viel Milch getrunken haben; überall trinken sie Milch, vom Morgen bis in die Nacht. Die Küche von Madame Sirin, sprich Schirin, inspiriert mich weniger als ihr Bier der Marke Karhu. Karhu heißt Bär.

Ich bummle wieder im Tempel herum, denn Zeit habe ich ja genug. Die Läden, zum Teil riesige Verkaufszentren, sind alle noch offen, doch nur wenige Kunden spazieren herum. Ich sehe eine Pizzeria und denke, ich könnte eine Pizza essen, was ja nun, angesichts einer Pizzeria, ein nicht sehr origineller Gedanke ist.

Wenn in Finnland »Pizzeria« angeschrieben steht, an jeder Ecke, dann kann man daneben meistens auch noch die Wörter »Kebab« und »Grilli« lesen. Pizzeria, Kebab und Grilli gehören meistens zueinander. Meine Pizzeria heißt aber nur Pizzeria, daneben steht aber noch »Koti« geschrieben. Koti heißt Zuhause, und koti ikävä bedeutet Heimweh. Vor lauter Heimweh esse ich also eine Pizza, die mir von der freundlichen Dame serviert wird und samt Merlot aus dem Veneto so gut schmeckt, dass ich mich wie im oma koti fühle, und oma koti heißt trautes Heim. Weil ich der einzige Gast bin, stoße ich also mit mir selber und der Einsamkeit an auf den dreitausendsten Kilometer, den ich heute überstanden habe.

Gegen Ende meiner Mahlzeit ist die Raststätte mit all dem riesigen Drum und Dran noch gespenstischer als vorhin bei der Ankunft. Überall stellen sie jetzt die Stühle auf die Tische, hier und dort höre ich, wie Rollläden herunter rasseln. Bei der Rückkehr in mein oma koti, das traute Heim, komme ich auch an der Kneipe von Frau Sirin, sprich Schirin, vorbei. Sie ist gerade daran, auf dem Boden ein paar fallen gelassene Pommes frites zusammenzukehren, erblickt mich, bückt sich unter dem halb heruntergelassenen Rollladen hervor und wünscht mir Bonne nuit Monsieur.

Ich gehe in mein großes Zimmer mit den drei Betten und dem einen Velo. Am Fernsehen schaue ich mir den Film *After Life* oder so ähnlich an, in dem die Heldin und ihre Gefährten damit beschäftigt sind, Untote von einem ersten in ein zweites, weiter entferntes Jenseits zu befördern. Es ist eine irre Bilderwelt. Wenn ich zum Fenster hinausschaue, sehe ich auf der Kraftfahrstraße 12 Autos und Lastwagen vorbeifahren, von Lahti nach Tampere, von Tampere nach Lahti. Die Lichter der Fahrzeuge geistern durch die graue Nacht, lautlos, denn die Glasfront ist aus dickem Glas.

Tag dreißig	**Tuulos – Lahti**

Beim Erwachen prüfe ich mein Hirn. Der Mann, der den Roman *Kein schöner Land* geschrieben hat, heißt Silvio Blatter. Und der Radprofi, der mit blondem Haarschwänzchen und randloser Brille, heißt Laurent Fignon. Sofort fallen mir beide Namen ein. Also mache ich dreiundzwanzig statt nur elf Liegestützen.

Draußen sehe ich garstiges Wetter, doch im Westen ist am Himmel ein blauer Streifen, der nach ein paar Minuten wieder verschwindet. Ich habe keine Eile. Im Moment regnet es nicht, doch die Straße bleibt nass.

Das Frühstück kostet acht Euro, doch es gibt keine Butter, sondern Margarine. Da schlagen die Finnen also den Spaniern nach. Es ist halb acht, an Spielautomaten sind die Ersten am Herumdrücken.

Ich frühstücke gemütlich und lasse mir Zeit. Ein junger Mann in einem orangen Übergewand sagt mir Guten Morgen und stellt in gutem Englisch ein paar Fragen, woher und wohin. Dann sagt er, er gehe jetzt wieder an seine Arbeit und wünscht mir eine gute Reise. Ich würde ihn am liebsten umarmen. Er hat mindestens meinen Morgen gerettet.

Ich fahre in den oberen Stock, zügle meinen Haushalt und meine Fahrhabe aus dem Zimmer und sehe, dass eine Dame aus einem anderen Zimmer ihr Rollköfferchen durch den Gang zieht. Ein Rad am Rollköfferchen quietscht bei jeder Umdrehung. Da war also außer mir noch ein Gast in dem Gespensterhotel.

Nach neun Uhr fahre ich in starkem Regen los. Der Regen ist nass, der Seitenwind von links eisig. Die Straße hat einen guten Seitenstreifen. Bis Lahti sind es fünfzig Kilometer, auf halbem Weg ist die nächste Raststätte. Ich gehe hinein, trinke heiße Schokolade und esse einen Zuckerring. Ich lasse wieder Zeit verstreichen. Und wieder sehe ich, dass alle Finnen Milch trinken, immer trinken sie Milch, am Morgen, am Mittag und am Abend trinken sie Milch. Ich trinke gerne Milch, doch ab elf Uhr morgens ekelt sie mich. In Italien trinkt man Cappuccino am Morgen, die Deutschen trinken Cappuccino auch am späten Nachmittag. Es ist Viertel vor zwölf, draußen sieben Grad warm. Als der Regen eine Pause macht, fahre ich weiter.

Heute möchte ich nach Lahti, morgen bis Lappeenranta zur Grenze fahren und am 31. Mai pünktlich in Vyborg ankommen.

Eine halbe Stunde dauert die Regenpause, dann ist sie zu Ende. Ich arbeite mich durch, und das ist nicht schlimm, weil ich weiß, dass die Etappe nicht lang ist. Zehn Kilometer vor Lahti muss ich von der Autostraße, der Kraftfahrstraße, weg, doch es gibt eine Parallelstraße, die alte Nummer 12. Die Idee, das Zelt aufzustellen, lasse ich fallen und finde in Lahti in einem einfachen Hotel ein Zimmer für 59 Euro.

Auf dem Stadtplan sehe ich, dass es hier ein Ski-Museum gibt. Das möchte ich mir gerne anschauen, frage mich durch, wandere ans andere Ende der Stadt zu einem riesigen Sportzentrum, doch das Ski-Museum ist geschlossen. Eine Passantin sagt mir, es sei am Sonntag offen, so, wie bei uns manche Heimatmuseen also. Nur: Heute ist Donnerstag, Donnerwetter.

Als ich auf dem Rückweg bin, setzt Sprühregen ein. Auf dem Trottoir kommen mir zwei Toureros entgegen, eine Frau und ein Mann auf ihren Randonneusen, ich grüße sie und winke, doch sie beachten mich nicht und fahren weiter.

Was ich aber sehe: Auch Lahti ist eine dieser weitläufigen finnischen Städte mit viel freiem Raum, mit viel Grün und heute mit viel Sprühregen. Hier haben sie so viel Raum. Auch hier hat Alvar Aalto eine Kirche gebaut.

Lahti hat aber noch eine Besonderheit. Es liegt in einem hügeligen Gebiet, und die Hügel sind vielleicht dreihundert Meter höher als das Stadtzentrum. Weil hier die Winter hart sind, reichen diese Hügel, um immer wieder Nordische Skiwettkämpfe durchzuführen. Ringsum türmen sich zudem mehrere riesige Skisprungschanzen-Anlagen in die Höhe.

Ich bin wieder im Zentrum, finde am Mittag eine gemütliche Kneipe mit eigener Brauerei, kehre ein. Ich trinke zuerst ein Weißbier, dann ein Lager, das schön bitter ist.

Ich überlege. Das Wetter ist grauslich, doch die Chancen, dass es ändert, steigen von Tag zu Tag. Wieso also bleibe ich nicht einen Tag lang in Lahti? Dann kommt mir in den Sinn, dass ich in Vyborg laut den russischen Visumsvorschriften für den 31. Mai ja ein Hotelzimmer habe reservieren und bezahlen müssen. Der Fall ist erledigt. Ich werde morgen weiterfahren.

Dann denke ich wieder nach über sprachliche Eselsbrücken. Auf Finnisch heißt Dankeschön Kitoo, so ausgesprochen. Geschrieben ist es »Koitos«. Ich denke Koitus, und so kann ich mir das Wort gut merken. Stadtzentrum heißt Keskusta, und ich denke Käsekruste, kann es so behalten. Polkupyöräily heißt Fahrrad, velofahren heißt pyöräily, und da habe ich kein Eselsbrückenwort. Das genialste Wort aber, das mich schon lange umtreibt, weil ich es immer wieder gelesen habe, ist Urheilu, und erst heute erfahre ich, dass Urheilu Sport bedeutet. Es gefällt mir, dass die Finnen für die Leibesertüchtigung ein ganz eigenes Wort haben, während die übrige Welt bloß das dumme internationale Wort Sport braucht. Urheilu, da brauche ich keine Eselsbrücke, denn für einfältige Sportler ist der Sport das Urheil.

Wieder einmal, schon wieder, bin ich beim Essen, beim Nachtessen. Bei der Ankunft heute Morgen habe ich ein italienisches Restaurant entdeckt, das Mamma Maria heißt. Dort gibt es besonders dicke Spaghetti, deren genaue Bezeichnung ich vergessen habe. Es sind wohl Urheilu-Spaghetti. Draußen schifft es zünftig. Ich bin bereit, die lange Etappe morgen im Regen zu fahren. Das könnte passieren. Ich bereite mich in der inneren Seele darauf vor.

Tag einunddreißig **Lahti – Lappeenranta**

Draußen ist es grau, aber trocken. Ich nehme das Frühstück, ein mageres, ein teures. Wieder gibt es statt feiner Butter saublöde Margarine. Draußen ist es elf Grad warm. Nach den üblichen Irrfahrten finde ich den Weg aus der Stadt und werfe mich auf die Straße 12.

Ach, es ist so schön, heute ohne Regen durch die Welt zu fahren. Die Straße ist fast überall trocken, die Temperatur steigt, auch wenn der Wolkendeckel kompakt bleibt. Ich fahre durch spärlich besiedelte Gebiete und werde nach dem mageren Frühstück langsam hungrig. Es sind Beizen angekündigt abseits der Straße. Ich will auf oder an der Straße bleiben, ich will direkt durch.

Ich hoffe, dass ich in Kouvola ein Mittagessen finde. Schon rolle ich in die Kouvola-Agglomeration. Wie meistens in diesen Siedlungsfladen wird auch hier die Straße zu einer Autostraße, zu einer Kraftfahrstraße, doch ich sehe nicht, wie ich sonst ins Zentrum kommen kann. Also setze ich meine Fahrkraft ein, um auf der Kraftfahrstraße voranzukommen. Mehrmals sehe ich bei Einfahrten Fußgängerverbote, nie aber ein Veloverbot, und das amüsiert mich. Außerdem würde mir dieser Umstand bei einem Gespräch mit der Polizei ein

Argument liefern. Doch auch wenn es nicht zu einem Gespräch mit der Polizei kommt, ist mir etwas mulmig zumute. Ich drücke es durch und überlege, ob die Kameras, in deren Linsen ich hineinfahre, Videos aufnehmen oder nur zu schnelle Autos fotografieren. Nach einer halben Stunde Fahrt komme ich an das Ende-Schild der Kraftfahrstraße und bekreuzige mich, wie immer nach überstandenen Gauner-Situationen. So habe ich es elegant hineingeschafft in die Agglomeration Kouvola, und während der halben Stunde Autostraße hat kein einziger Autofahrer gehupt. Ich hoffe nur, dass es trocken bleibt. Und das tut es zum Glück. Da stellt sich auch noch Rückenwind ein, halleluja. Der Hunger nimmt zu und siehe da, da ist mein Lieblingsrestaurant – ¡ABC! – angekündigt. Ich kehre ein und nehme mir Zeit. Neben der Beiz, draußen auf dem Rasen neben einem Kinderspielplatz, steht ein Flugzeug aus Russland, ein Antonow-Doppeldecker von 1947, und den finde ich wunderschön.

Was sind die Ereignisse des Tages? Aus dem Straßengraben fische ich ein arg verdrecktes Glarnertüchlein. Später, im ¡ABC!-WC, wasche ich es halbwegs sauber. Es war so verdreckt und verknotet, dass ich kaum seine Farbe sehen konnte. Jetzt sehe ich, dass es rosarot ist. Jetzt sehe ich, dass der Knoten so angebracht ist, dass jemand es sich wie ein Stirnband um den Kopf legen konnte, und ich stelle mir vor, dass es einem Gümmeler unter dem Helm zu warm geworden ist, dass er es nachlässig in die Tricottasche gesteckt hat, und aus dieser ist das rosarote Tüchlein dann in den Dreck des Straßengrabens gefallen. Wenn die Gümmeler mich schon nicht grüßen, darf ich wenigstens ihre rosaroten, verschwitzten und verdreckten Glarnertüchlein aus dem Dreck fischen und mir Geschichten erfinden, wie sie im Fahrtwind dorthin geflattert sind.

Etwas weiter liegt auf dem Seitenstreifen ein Riemchen mit einem guten Verschluss von einer Firma, die glaube ich

Tennisrackets herstellt. Und was ist das für eine Geschichte? Sie kommt mir nicht in den Sinn, aber ich schreibe ihre Fortsetzung, indem ich mit dem Riemchen die Zeltstangen kompakter zusammenbinde. Etwas neben dem ¡ABC! nehme ich mir die Zeit, das Velo etwas zu waschen und zu putzen. Von gestern ist es voller Sand.

Weiter so, ich will an die russische Grenze kommen, und es rollt gut. Gegen den Schluss scheint immer wieder die Sonne und macht mich glücklich. Zum Teil ist der Verkehr intensiv, doch der Seitenstreifen ist gut, und die Autofahrer sind nett.

Ich komme an in Lappeenranta, einer hübschen Stadt auf einem Hügel, mitten in einer Seenlandschaft. Ich radle um den Hafen herum und suche mir für später einen wilden Zeltplatz aus. Dann fahre ich hinauf zum Hügel, auf dem das autofreie Zentrum ist und lande wieder einmal in einem italienischen Restaurant der Rosso-Kette. Die Wolken lockern auf, die Sonne scheint schön warm und abendlich.

Unten am See, etwas außerhalb, habe ich vorhin auf der Erkundungsfahrt einen stillen Schiffsteg ohne Schiffe oder einen Badesteg entdeckt, den man nur durch eine kleine Furt betreten kann, wobei man nasse Füße bekommt. Ich ziehe die Schuhe aus und bringe meine Sachen so auf den Steg. Gepäck, Zelt und Velo. Hier ist einer meiner verrücktesten, schönsten, lustigsten Zeltplätze.

| Tag zweiunddreißig | **Lappeenranta – Vyborg** |

Zum Geburtstag meiner Mutter am letzten Maitag praktiziere ich wieder das mehrmalige Aufwachen und Wiedereinschlafen und denke an sie. Ich bin ruhig, weil mein Schwimm- oder Schiffsteg vom Land her nur schwer zu erreichen ist. Erst um

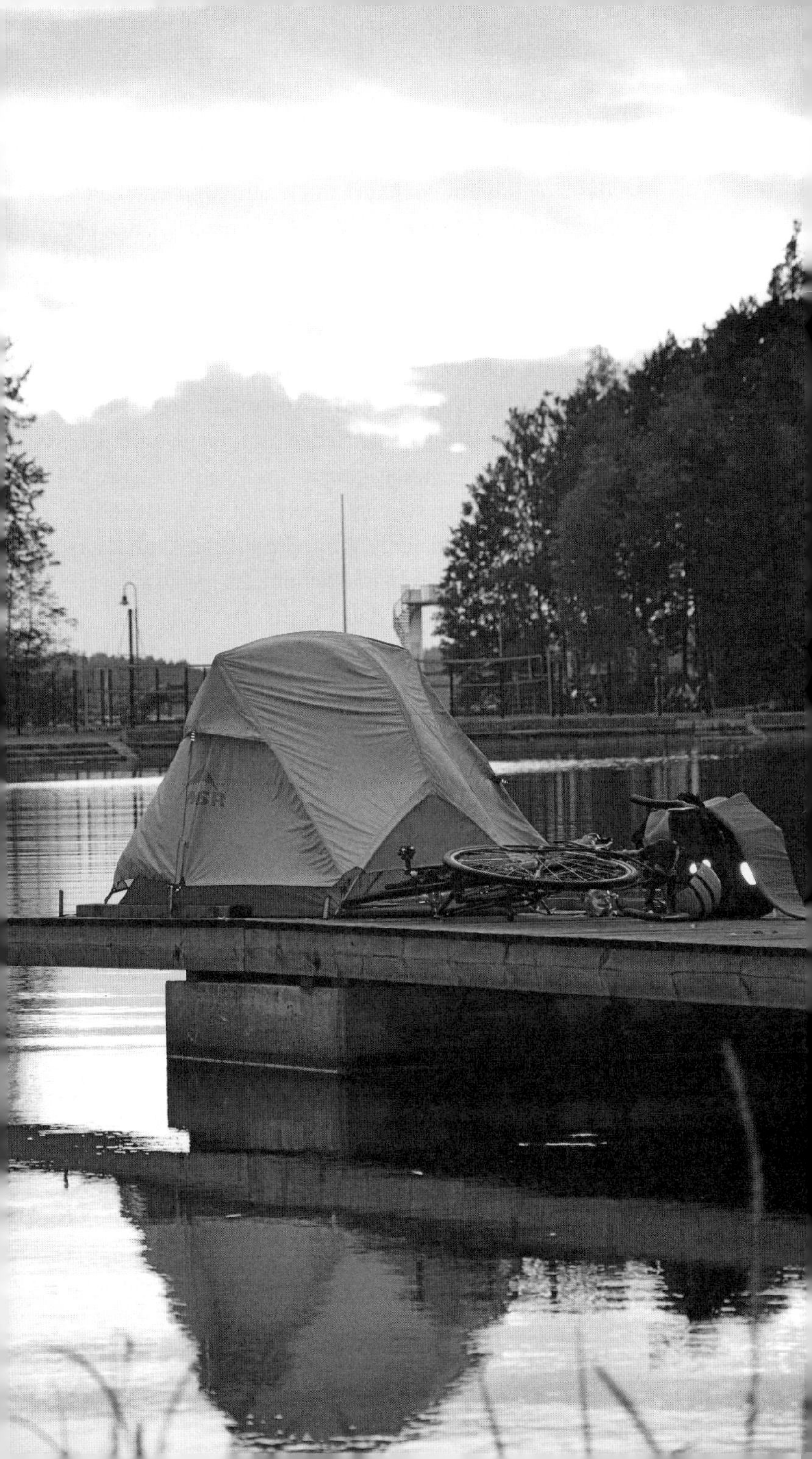

neun Uhr komme ich aus dem Nest. Ich hatte gestern ja eine lange Etappe. Ich nehme im See ein Morgenbad.

An das Ufer kommt ein Mann mit einem Kind und einem Hund. Der Mann wirft einen großen Ast hinaus auf den See, der Hund springt wild ins Wasser, schwimmt hinaus, packt ihn mit den Zähnen und schwimmt zurück ans Ufer, das Kind quietscht vor Vergnügen beim Zuschauen. Die Wolken lockern sich, die Sonne scheint immer wieder. Ich nehme mir Zeit beim Packen. Dabei habe ich einen Niesanfall, niese elfmal; meine Mutter hatte dieses Niesen jeden Morgen, von ihr habe ich das morgendliche Niesen geerbt. Und heute ist ihr Geburtstag. Das Übersetzen vom Steg ans Land ist wieder etwas umständlich, dann trocknet die Sonne die nackten und nassen Füße, ich ziehe wieder Socken und Schuhe an, steige auf.

Ich bin so lahmarschig, dabei weiß ich doch, dass ich heute über die Grenze nach Russland fahren soll und dass die Formalitäten ihre Zeit brauchen.

Ich fahre hinauf in die Stadt, trinke Cappuccino, esse dazu ein Croissant, dann einen sehr guten Apfelkrapfen.

Ich starte und missachte wieder einmal ein Fahrverbot für Velofahrer, vielleicht zum letzten Mal in Finnland, auf etwa zehn Kilometern. Ich rolle noch ein Stück auf der Straße 6 weiter, zweige dann ab auf die Straße 13. Die Dreizehn bringt mich nach Russland.

Schon bin ich in der Grenzkontrolle und merke erst im Gespräch mit dem Grenzer, dass ich in der finnischen Kontrolle bin. Wir lachen beide, er schickt mich weiter. Erst zwei Kilometer Niemandsland weiter ist der russische Zoll. Davor steht eine etwa hundert Autos und Lastwagen lange Warteschlange. Die Automenschen und Lastwagenchauffeure haben den Motor abgestellt, vertreten sich im Freien die Füße, manche rauchen, andere sind mit ihrem Mobiltelefon beschäftigt. Sie schauen mir mit einer Mischung aus Neid und Befremden zu, wie ich an ihnen vorbei nach vorne rolle. Ich genieße dieses seltene Privileg des Velofahrers, und niemand reklamiert.

Im Grenzgebiet sind plötzlich ein halbes Dutzend Tourenradler zu sehen. Mit den einen habe ich keine Lust zu reden, weil sie so schwer beladen, so panzerig dahergefahren kommen, die anderen verpasse ich im Zollgetümmel.

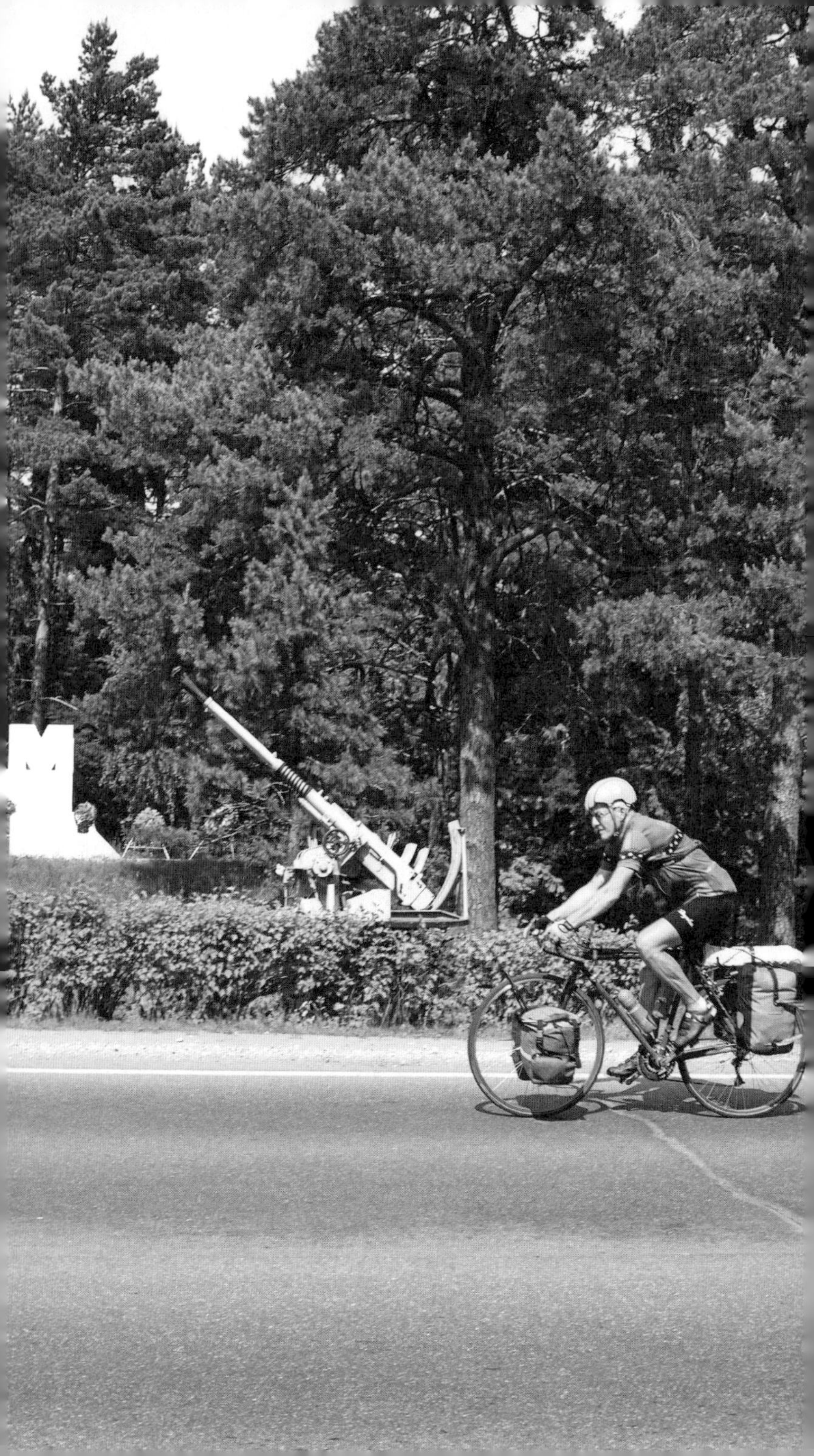

RUSSLAND 1

Je est un autre.

Arthur Rimbaud

Eine Zöllnerin nimmt sich meiner an und gibt mir, alles auf Russisch, genaue Anweisungen. Ich verstehe sie, weil sie auch mit den Händen spricht. Sie zeigt mir, wo ich das Velo vor ein Häuschen stellen und zwei Formulare ausfüllen soll, und dann müsse ich an den Schalter gehen. So mache ich es. Mir fällt auf, dass man hier den Kopf nicht vor eine Kamera stecken muss, und das Gepäck wird nicht kontrolliert, wie ich das im Kaukasus erlebt habe. Ich bin durch.

Ich fahre in Russland. Nach ein paar Kilometern komme ich zu einem Laden, vor dem ein paar Tische und Stühle stehen. Wie vor einem Jahr am Schwarzen Meer ist heute an der Ostsee, beziehungsweise am Finnischen Meerbusen, mein erstes Bier in der Russischen Föderation ein Baltika; das passt, denn in etwa zehn Tagen werde ich im Baltikum sein, das nicht mehr zu Russland gehört. Zum Baltika-Bier esse ich ein Paket Chips. Am Nebentisch sitzt ein Mann mit einem riesigen sowjetischen Militärhut von der Roten Armee, so immens, wie diese Hüte sind oder waren. Links und rechts von ihm sitzen zwei Damen. Der Mann lacht, hat allem Anschein nach schon ein wenig Wodka getrunken.

Eine der Damen fragt zu mir herüber woher und wohin, ich rede zurück. Dann sagt sie, ich solle mich doch zu ihnen hinüber setzen. Ich denke: Oh, diese spontanen Russinnen, gehe hinüber, stelle mich vor und gebe ihnen die Hand. Da sagen sie, sie seien Finninnen und Finne auf dem Heimweg vom russischen Vyborg. Ich muss lachen: Mit den ersten Finnen, oder fast, komme ich nicht in Finnland ins Gespräch, sondern erst in Russland. Das sind also finnische Grenzerfahrungen. Ich mache von ihnen ein Foto, mit meiner Kamera, dann geben sie mir ihre Handys, damit ich das gleiche Bild auch für sie mache.

Hier habe ich wieder und zum letzten Mal die Gelegenheit, zu fragen, was Velo auf Finnisch heißt. Es heißt Polkupyöräily, und velofahren heißt pyöräily. Wieso vergesse ausgerechnet ich Velofahrer dieses Wort immer wieder? Weil ich bisher keine Eselsbrücke gefunden habe.

Ich reise weiter, jetzt ein wenig harzig. Mehrmals zwischen den Seen fahre ich vorbei an Schleusen, in denen mächtige Lastenkähne mit Baumstämmen liegen. Ich schaue ihnen lange zu, wie sie in den Schleusenbecken höher kommen oder absinken, so langsam, dass mir das Zeitgefühl angenehm abhandenkommt. Ich durchquere die Seenlandschaft von Wasser zu Wasser, von Wald zu Wald, komme schließlich hinter einer Kuppe in Vyborg an. Zum zweiten Mal fahre ich am Geburtstag meiner Mutter über eine Grenze nach Russland.

In einer Kneipe oben in der Altstadt trinke ich ein Bier, was sonst, und frage nach meinem Hotel. Die Kellnerin bringt mir einen Stadtplan und kreuzt mir die Lage des Hotels mit einem Kugelschreiber an. Ich finde es. Die Frau an der Réception spricht ausschließlich Russisch, ich spreche kein Wort Russisch, dafür Schweizerdeutsch, und wir einigen wir uns. Das Zimmer kostet 3500 Rubel, und das sind rund 77 Franken.

Jetzt merke ich, dass es wieder einen Zeitwechsel gibt, ich die Uhr eine Stunde nach vorne stellen soll. Also einstellen, nach vorne. Ich gehe wieder in die Altstadt hinauf, die zum Teil recht kaputt aussieht. Ich finde aber eine Kneipe und esse Rentier oder Elch. Was ist eigentlich der Unterschied zwischen einem Rentier und einem Elch? Der Elch ist schwerfälliger als das Rentier, das auch ein schöneres Geweih hat.

Es ist 20 Uhr 45 neue Zeit, russische Zeit, Moskau-Zeit. Ich gehe ins Hotel und schaue mir einen Krimi an, der wohl in Moskau spielt. Noch immer verstehe ich kein Wort. Ich schaue aber nur kurz, dann falle ich, wie immer, in den tiefsten Schlaf, den man sich denken kann, weil man im tiefsten Schlaf eben nichts mehr denken kann und nichts mehr denken muss.

Tag dreiunddreißig	**Ruhetag in Vyborg**

Der Monat Juni beginnt. Ich wache mehrmals auf, ich schlafe mehrmals wieder ein, und um neun stehe ich auf. Im Frühstücksraum gibt es Cappuccino, und die Russen sagen dóbraje útra, Guten Morgen. An der Réception ist nun eine Frau, die Englisch spricht und mir einen Stadtplan gibt. Darauf eingezeichnet ist ein Rundgang für Besucher. Ich schaue ihn mir an und stelle fest, dass ich einen großen Teil schon spaziert bin, denn schließlich bin ich ja schon seit gestern auch ein Besucher.

Ich mache mich auf den Weg zur schwedischen Festung auf der felsigen Insel. Das ist ein gewaltiger Bau mit einem Turm und vielen Schießscharten. Darum herum, auf der anderen Seite des Wassers, sind ebenfalls imposante Festungsmauern, die überwachsen und am Zerfallen sind. Vyborg wurde von den Schweden gebaut, war finnisch bis zum Zweiten Weltkrieg, gehörte dann zur Sowjetunion und heute zu Russland. Während Jahrhunderten war die Stadt ein wichtiger Handelsplatz zwischen Ost und West.

In der Zitadelle sind mehrere Ausstellungsräume. Angeschrieben ist fast alles auf Russisch, mit Ausnahme eines einzigen Saals. Dort fange ich an, ein paar englische Erklärungen zu fotografieren für spätere Recherchen. Vyborg, nunmehr Viipuri und finnisch, war im Zweiten Weltkrieg hart umkämpft. Zuerst kämpften die Finnen mit den Deutschen gegen die Russen, dann mit den Russen gegen die Deutschen.

Ich gehe von Saal zu Saal. Bei jedem Eingang soll ich ein neues Billet kaufen. Manchmal lege ich meinen Presseausweis hin und kann gratis eintreten, manchmal wird der Ausweis nicht anerkannt, und ich zahle.

Die Ausstellungsräume im Museum sind sehr umfangreich und informativ für diejenigen, die Russisch können. In jedem Saal sitzt eine reife Dame steif hinter einem Pültchen und passt genau auf, dass sich die Besucher auch anständig benehmen. Einmal lege ich eine Hand auf die Scheibe eines Glaskastens, in welchem Orden ausgestellt sind, und schon kommt die reife, steife Dame und weist mich zurecht, ich dürfe meine Hände nicht auf diese Scheibe legen. Schon hat sie einen Lappen hervorgeholt und wischt das Glas an der Stelle, wo meine Hand war, ab; und dabei war und ist meine Hand doch ganz sauber. Dann muss ich lachen. Der Museumsbetrieb hier erinnert mich an die Zeiten vor der Wende. Auch hier hat in jedem Saal jeder und jede seine oder ihre Arbeitsstelle. Spürbar ist die Wende nur beim WC, weil dort keine reife steife Dame mehr sitzt, der man das WC-Papier abkauft.

Ich steige auf den hohen Turm und schaue mir die tolle Aussicht über das Wasser, über die Stadt an. Heute gehören zur Landschaft wieder die hohen Wolkentürme. Ich stehe auf dem hohen Schwedenturm in Russland den hohen Wolkentürmen gegenüber.

Da erblicke ich die Promenade, welche zur Festung führt und denke mir, da, auf dieser Promenade, sollte ich einen Radler fotografieren. Was für einen Radler? Außer mir gibt es keinen.

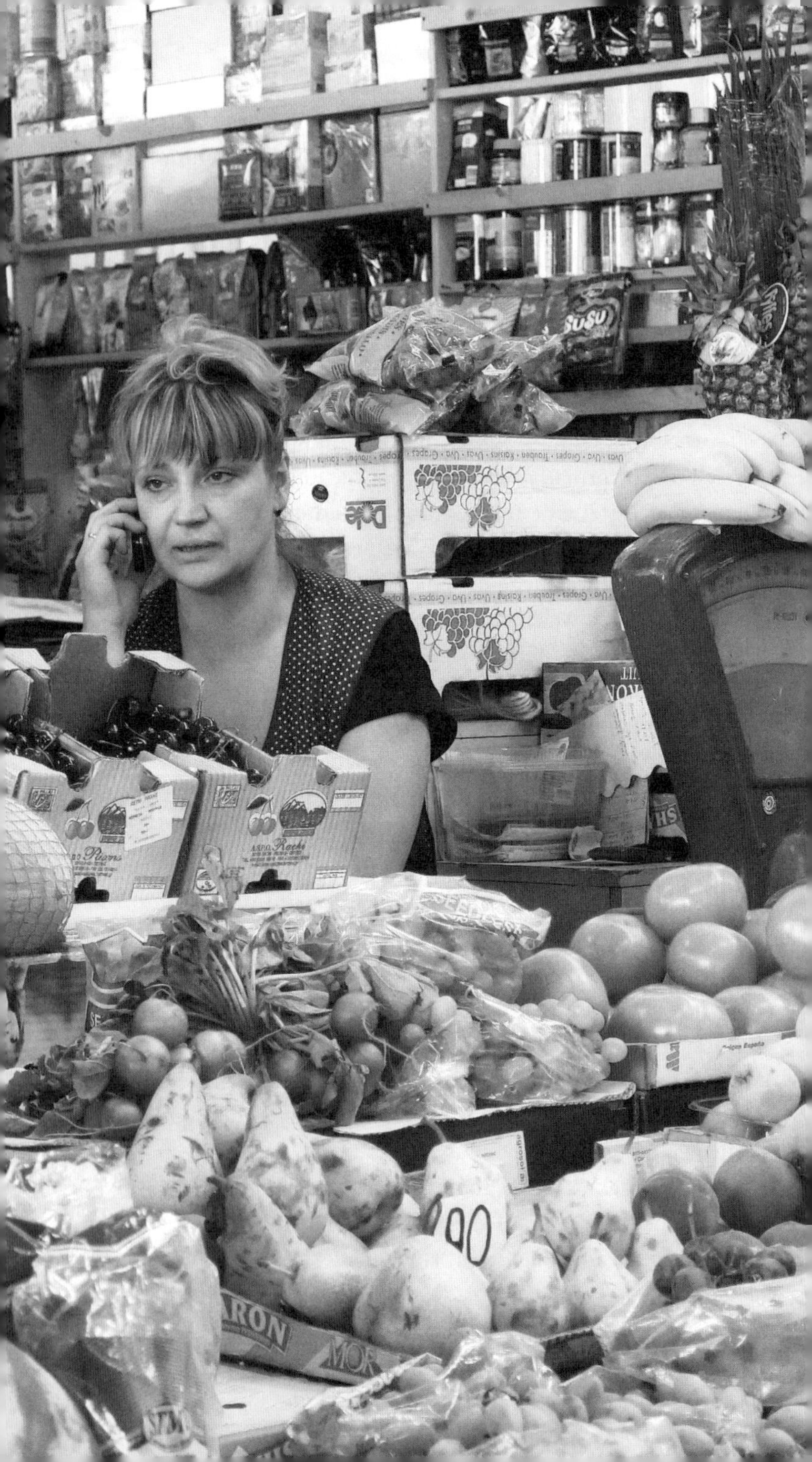
SUSU

Ich gehe zurück ins Hotel, ziehe meine Veloklamotten an, hole das Velo aus dem Gepäckraum und fahre auf die Promenade. Ich stelle das Stativ auf und mache ein paar Bilder mit dem Selbstauslöser. Ich bin mir selber wieder dankbar, dass ich dieses Stativ mitgenommen habe, auch wenn es vielleicht der Höhepunkt meiner Egomanie ist. Doch die Passanten sind eben noch schlechtere Fotografen als ich. Heute wieder einmal küsse ich im Geheimen mein Stativ, weil es abermals meine Geschichte retten könnte. Nach dem Fotografieren steige ich hinauf in die Altstadt, die mich mit ihrer Kaputtheit etwas bedrückt. Dort esse ich Soljanka, eine Fleischsuppe. Die ist sehr gut und heitert die Laune auf. Ich kehre zurück ins Hotel, stelle das Velo ein und kleide mich wieder zivilisiert.

Ich gehe zum Bahnhof, einem prächtigen, sauber gepflegten Palast mit sehr viel Wachpersonal. Hier halten die Züge, die zwischen Helsinki und St. Petersburg verkehren. Die Ankunft und Abfahrt der Züge werden über Lautsprecher angekündigt. Ich mache ein paar Bilder. Wenn ich auf Bahnhöfen in den USA oder in Italien fotografiere, stürzt sich das Wachpersonal immer auf mich, doch hier in Russland schauen die Wachmänner mir beim Fotografieren einfach freundlich zu. Ich sehe mehrere Personen, die ihr Velo dabei haben und durchschieben, weil sie es in den Zug laden wollen. Sollte ich den Zug nehmen?

Ich trete hinaus, spaziere den Pier entlang und entdecke ein lustiges Hotel auf einem ausrangierten Passagierschiff. Oh Mensch, wenn ich gewusst hätte, dass es existiert, hätte ich mich hier eingemietet. Da hat man alles, was man braucht, einfach und korrekt, Dusche im Korridor. Freundlich führt mich die Hoteldame herum. Das Schiffhotel heißt Teplochod Korolenko.

Der Markt in einer riesigen Halle ist so bunt, dass einen fast die Augen schmerzen, und er wirkt sehr, sehr reich mit den schönen Früchten und Gemüsen, die viel mehr Geschmack haben als bei uns.

Ich lande in einer Kneipe schräg gegenüber, einem Bistrot, und mache diese Notizen. Beim Schreiben denke ich manchmal, wie man eigentlich eine solche Geschichte schreiben könnte, ohne die ganze Zeit das Wort ICH zu gebrauchen? Das wäre eben die Kunst. Ich denke an Georges Perec, der mit *La Disparition* einen Kriminalroman geschrieben hat, in dem der Buchstabe E, der häufigste Buchstabe im Französischen wie im Deutschen, auf rund dreihundert Seiten nicht ein einziges Mal vorkommt. Die Geschichte ohne ICH zu schreiben, das wäre die Kunst für einen unter Bescheidenheit leidenden Schweizer, DIE Kunst. Blödsinn, aber sprachlich wäre das vielleicht eleganter, finde ich. Da kommt mir Arthur Rimbaud zu Hilfe mit seinem Satz »Je est un autre« und ich bin fein raus.

Ich bin gar nicht scharf darauf, schnell nach St. Petersburg zu kommen, und jetzt finde ich, es würde reichen, wenn ich am 3. Juni dort wäre, einen Tag bevor Pete nach Piter käme, wie die Russen den Namen ihrer Stadt anscheinend abkürzen.

Also heute, das war eigentlich gar nicht ein Ruhetag, sondern es war ein Arbeitstag, ein Foto-Tag. Wie steht es eigentlich mit Campings in diesem Teil Russlands? Auf Russisch sagen sie Kemping. Ich habe bisher keinen Wegweiser zu einem Kemping gesehen. Aber schon wieder bin ich hungrig, bald ist es Zeit für das Nachtessen. Ich steige im alten Pulverturm zu Vyborg in den ersten Stock. Im großen Restaurant sind außer mir nur zwei andere Gäste.

Ich gehe hinaus zum Schiffen, und beim Schiffen beginne ich plötzlich nachzudenken über den Körper. Ich laufe herum, ich radle, ich gebe mich aus, ich erschöpfe mich, ich setze mich Gefahren aus, und all das macht mein Körper mit, er läuft wie eine robuste Maschine ohne Probleme. Doch das ist nicht eine Maschine, das ist das Leben. Und jetzt, beim

Pinkeln, finde ich das alles überhaupt nicht selbstverständlich.

Dann erklingt aus dem Radio Joe Dassins Lied »Et si tu n'existais pas, dis-moi pourquoi j'existerais?«, das eines der schönsten Liebeslieder ist.

Bonne nuit Monsieur Dassin, je dois aller au lit.

Ich habe keine Zigaretten mehr gekauft, weil ich wieder einmal eine Blödsinn-Pause machen will.

Da schreibt einer an einem Buch. Das Papier des Notizbuches, Marke AUTHENTICS, Made in W.-Germany, ist gut, die Bindung ist schlecht, sodass sich manche Seiten lösen. Es ist zwanzig Uhr Moskauer Zeit. Am Fernsehen kommt wieder einmal ein Kriegsfilm, in dem die Russen wie immer die Größten sind. Das war mein Kulturtag. Ich schlafe ein.

Tag vierunddreißig **Vyborg – Sovjetskij**

Wieder geschieht in mehreren Phasen das gelassene Ritual des Erwachens und Wiedereinschlafens, weil ich denke, dass ja die Etappe nicht lang sein wird. Bei der Réception frage ich noch einmal, bis wann ich das Zimmer verlassen muss. Bis Mittag. Gut so.

Es ist grau, es regnet leicht, dann hört der Regen auf. Zum Glück habe ich die Fotos gestern gemacht. Heute wäre es mit dem hübschen Fotografieren nicht weit her. Ich gehe in die Post und kaufe Briefmarken. Die Post ist so wacker wie der Bahnhof. Die russischen öffentlichen Dienste funktionieren also. Ich gehe zurück ins Hotel und lasse die Idee, das Velo zu putzen, wieder fallen.

Der Aufbruch ist erst um elf Uhr, weil ich immer noch denke, die Etappe würde nicht lang werden. Die Ausfahrt aus Vyborg ist zum Teil abenteuerlich, die Straße oft schlecht, ein paar, aber nur wenige Autofahrer sind unhöflich. Ich finde die Abzweigung nach Primorsk. Es ist eine gute Landstraße. Losgefahren bin ich in der kurzen Hose, dann aber wird mir kühl. Vorher sind mir zwei junge Rennradfahrer entgegen geradelt. Übrigens habe ich Zigaretten gekauft, weil der Himmel so grau ist, doch auch hier muss ich die Filter abzwacken.

Es beginnt zu regnen. Ich setze mich auf einen Stein, ziehe die Beinlinge an und die Schuh-Überzüge. Da kommt mir ein Schwarm Rennfahrer entgegen, alles junge Burschen, in einem Peloton. Hinter ihnen her fährt ein Lada mit den eingeschalteten Warnblinkern im Tempo des Pelotons und bringt ihn so durch den Verkehr, der zum Teil recht abenteuerlich verläuft.

An Straßenrand liegt eine tote Katze.

Ich winke den Rennfahrern, dem Lada-Chauffeur, der hupt und winkt zurück. Leider verpasse ich es, die schöne Szene zu fotografieren, weil alles so schnell geht. Wenn es in der Schweiz jemandem in den Sinn käme, eine Gruppe Velofahrer so durch die Gegend zu bringen, indem er ihnen im Auto mit den Warnblinkern folgte, wie würden die anderen Automobilisten reagieren? In Russland ist so etwas möglich. Alle haben Augen im Kopf, alle sind sehr aufmerksam, passen die Fahrweise der Situation an. In der Schweiz wäre es vielleicht auch möglich, nur wagt niemand, es auszuprobieren.

Angekündigt ist eine Baustelle, und die ist ausgiebig. Lange Stücke kaputten Belags haben sie herausgehobelt, wild kurven die Autofahrer um diese Stücke herum, und ich mache es ebenso. Dann ist die Baustelle zu Ende, und es folgt ein Teil der Straße im alten, schlechten Zustand, der später geflickt wird. Es sind fünfzehn mühsame Kilometer, die mich an afrikanische Straßen erinnern.

Ich zweige rechts ab nach Primorsk. Da ist die Straße wieder gut. Ich sause im Regen über sie. Primorsk ist auf der Straßenkarte so groß eingezeichnet wie eine mittlere Stadt, deshalb habe ich angenommen, dass es dort Hotels gebe. Auf Primorsks Straßen ist wegen des Regens kein Mensch zu sehen. Ich halte Ausschau, doch ich entdecke nichts Hotelähnliches. In einem Blumenladen frage ich nach Gostiniza, nach einem Hotel. Die Blumenfrau versteht mein Anliegen, holt ein Kärtchen hervor von dem Minihotel Berkeschuna. Sie ruft dort auch gleich an und fragt, ob ich dort unterkommen könne. Sicher könne ich das. Die Blumenfrau strahlt, ich strahle auch. Sie sagt, ich sollte dort vorne links abbiegen und dann würde ich es finden.

Ich fahre mit meinem Velo unter dem Hintern und dem Kärtchen in der Hand im Dorf herum und strecke, sobald ich dann doch einen der seltenen Menschen erblicke, das Kärtchen vor und frage, wo das sei. Nach der dritten Nachfrage beginne ich zu begreifen, dass mein Hotel vor drei Tagen abgebrannt ist. Richtig, ich habe eine noch immer rauchende Brandruine gesehen. War das also mein Hotel?

Jetzt aber bin ich erst einmal hungrig und ich habe Schaschlik angeschrieben gesehen. Oh, Schaschlik, Schaschlik, das wär's. Ich gehe in die Kneipe und frage, wie es denn so stehe mit dem Schaschlik. Die Wirtin sagt, der Koch komme erst um vier Uhr. Doch sie hat schweinisch gute Schweineweggen, von denen ich zwei Stück esse und dazu Biere trinke, ebenfalls zwei Stück.

Draußen schifft es immer noch. Die Beizerin hat eine Kollegin zu Besuch, und die Kollegin spricht etwas mehr Englisch als die Wirtin. Ich frage sie aus und lege dann auch ihr das Hotel-Kärtchen vor, und auch sie sagt lachend, genau dieses Hotel sei vorgestern abgebrannt. Zum Glück komme ich erst heute hierher.

Oh Gott, ist das eine komplizierte Geschichte! Die Blumenfrau hat die Nummer des Minihotels angerufen, und die Minihotelfrau hat gesagt, sie empfange Gäste, aber nicht bei der Brandstelle, sondern an einer anderen Adresse, nach der ich nun suche. Beim Herumirren gerate ich an drei Weißrussen, zeige ihnen das Kärtchen. Alle drei haben augenblicklich ihr Handy im Händchen, einer telefoniert, auch er, der Minihotelfrau, die aber neuerdings an anderer Adresse Unterkunft anbietet. Die Minihotelfrau gibt die Adresse durch, der zweite Weißrusse hat schon das GPS eingeschaltet und sagt, das sei dort vorne rechts, wo ich vorhin links abgebogen sei, und zwar die Hausnummer neun. Die Nummer neun finde ich, sie ist ein großer Plattenbau mit mehreren Eingängen, und die sind nummeriert mit 9.1, 9.2 und so weiter. Ich finde mich nicht zurecht, auch mehrere Passanten können mir nicht weiterhelfen. Die Eingänge sehen aus wie solche zu Sicherheitstrakten, nirgends steht ein Name, sondern man muss einen Code eingeben, damit sich die Türe öffnet.

Ich gehe zurück in die Schaschlikbude, wo es schon Schweineweggen gab und Schaschlik erst ab vier Uhr gibt und frage die beiden Damen weiter aus. Ich frage sie, wie es denn so stünde mit den Hotels hier in der Gegend. Sie sagen, das nächste Hotel sei in Sovjetskij, also fünfundzwanzig Kilometer zurück in Richtung Vyborg, von wo aus ich hierher gefahren bin.

Es regnet jetzt wie aus Kübeln. Einen Moment lang denke ich daran, ein Taxi zu mieten. Doch die Chauffeure, die ich vorhin nach dem Hotel gefragt habe, waren so rotzig, dass ich sie jetzt nicht ins Geschäft nehmen mag. Ich fahre auf dem Velo zurück nach Norden, fahre wieder über die fürchterlich schlechte Straße. Am Rand steht eine Gruppe finnischer Motorradfahrer, die sich beraten. Ich fahre an ihnen vorüber und rufe laut »Afrika, Afrika!«, doch sie begreifen nicht, wie ich das meine, weil sie mit ihren Motorrädern noch nie in Zaïre waren und das schlechte Straßenstück noch vor ihnen liegt.

Es schifft so stark wie noch nie auf der ganzen Reise, manche Autofahrer überholen jetzt ekelhaft. Hie und da, wenn ich

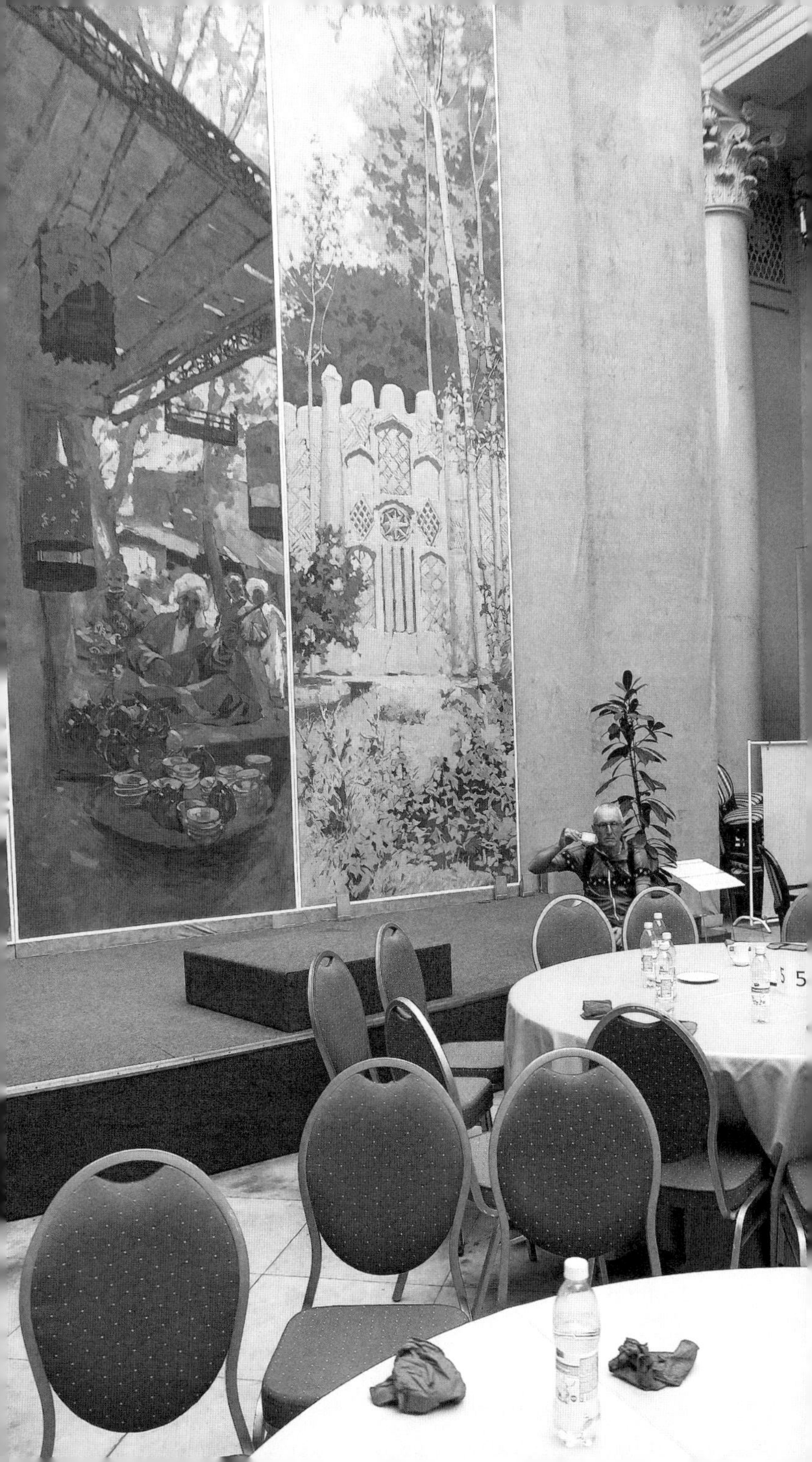

zum Pissen anhalte, sehe ich, wie verdreckt die Region ist. Die Russen schmeißen alles in die Natur, wie es scheint.

Ich bin etwas unruhig, weil ich auf der Herfahrt nirgends ein Schild nach Sovjetskij gesehen habe. Jetzt sehe ich, dass es einen Kilometer links abseits von meiner Straße A 123 liegt und zweige ab. Es regnet immer noch. Sovjetskij ist ein Kaff mit Plattenbauten, doch mein Hotel ist schwer in Ordnung, weil es mich rettet. Es ist halb so teuer wie das in Vyborg.

Heute war eine absurde Etappe. Am Abend trinke ich drei Biere und esse einen Borsch zur Vorspeise. Jetzt gehe ich über zum Hauptgang, und das ist Cordon bleu. Es ist 20 Uhr 30, ich bin der einzige Gast in dem riesigen Speisesaal. Dann aber kommen etwa vierzig Damen und Herren herein, die einer Gruppe angehören, und zum Teil sind da sehr eigenartige Typen. Alle essen sie sehr schnell und gruusig. Dabei ist das Essen gut. Ich gehe noch hinaus und mache ein paar Fotos. Ein Passant, ein zwei Meter großer Mann, spricht mich auf Englisch sehr freundlich an. Er wünscht einen guten Abend, fragt mich, aus welchem Land ich sei und heißt mich in Russland willkommen. Unser kurzer Wortwechsel dauert eine Minute und tut mir so wohl, als hätte er eine Stunde gedauert.

Tag fünfunddreißig **Sovjetskij – St. Petersburg**

Ich nehme das Frühstück im sowjetisch düsteren Speisesaal mit düsteren Gestalten ein, und erst jetzt verstehe ich den nervösen Betrieb, der schon gestern an den Tischen geherrscht hat. Die meisten dieser Gäste eilen immer wieder nach draußen, um dort schnell eine Zigarette zu rauchen. Das tun sie auch beim Frühstück. Für das hastige Rauchen einer Zigarette draußen vor dem Hoteleingang brauchen die drei Minuten, ich bei Windstille gut doppelt so lang. Später sehe ich, dass die Gruppe unterwegs ist für die Produktion eines Fernsehfilms.

Um sieben Uhr war ich im Speisesaal, um halb acht Uhr hat es zu regnen begonnen, um acht Uhr fahre ich los, nachdem ich die Kette etwas gereinigt und geölt habe und sie nun besser klingt. Bald bin ich wieder auf der üblen Straße, die ich von gestern kenne; nun fahre ich sie zum dritten Mal. Später wird der Regen viel stärker, ich suche eine halbe Stunde lang Schutz unter dem Dach einer Bushaltestelle.

Ich erreiche eine Kreuzung, und dahinter sehe ich hinaus auf das weite, offene Meer. AVE MARE BALTICUM AVE! Mir wird abermals bewusst: ich bin daran, um ein Meer, die Ostsee, und drei Meerbusen, den Bottnischen, den Finnischen und den Rigaer, herumzufahren, doch seit der Lübecker Bucht, seit über dreitausend Kilometern, habe ich von dem Meer kaum etwas gesehen. Wenig tief und ruhig glitzert vor mir der Finnische Meerbusen, ich murmle wieder und wieder AVE MARE BALTICUM AVE, voller Geheimnisse musst du sein, du riesiges Meer, dass ich dich bis jetzt kaum habe sehen können. AVE MARE BALTICUM AVE. Der stundenlange Blick hinüber zum Wasser am Horizont ist wie eine erlösende Offenbarung nach der Fahrt durch die Wälder in Schweden und Finnland.

Von rechts mündet eine Straße ein, und ich begreife jetzt, dass ich gestern von Primorsk auf dieser Straße hierher hätte fahren und mir Sovjetskij hätte sparen können. Vorher hätte ich sogar noch einen Schaschlick essen und nachher zelten können. Also: Nachher weiß man mehr als vorher und während.

Zum ersten Mal seit dem fernen Deutschland habe ich jetzt also wieder den Eindruck, an einer Küste zu fahren, zum ersten Mal ist wieder die Weite eines Meers zu erkennen. Und ich atme sie tief ein. Hier sind wunderbare Zeltgefilde, doch ich entdecke sie zu spät. Wieder fällt auf: Alles Land, das man sehen kann, ist eine riesige Müllhalde. Da sind die Russen Barbaren.

An der Küste ist die Straße gut, es rollt rassig. Nun ist die Straße auch trocken, was ich sehr genieße. Ich habe eine Verwirrung mit den Längen der Etappen. Zuerst dachte ich heute, es würden etwa neunzig Kilometer, doch dann werden es viel mehr. Ich bin hungrig, weil ich wenig gefrühstückt habe. Ich schiebe einen Riegel, halte Ausschau nach einer Beiz. Doch da kann ich lange Ausschau halten.

Zwischen der Straße und der Küste sind große Gebiete eingezäunt, werden von erhöhten Beobachtungshäuschen überwacht. Ich vermute, dass das Feriensiedlungen für Reiche sind. Da sind zwar Tennisplätze und Hotels auf großen Reklametafeln angekündigt, doch man kommt in diese Siedlungen nicht hinein.

Statt in eine Beiz zu gehen und dort Mittag zu essen, fresse ich Kilometer. In Zelenogorsk aber sehe ich ein schickes Restaurant und gehe sogleich hinein. Ich esse Hering und trinke dazu Bier. Da ist die Cheffe de service, die recht gut Englisch spricht. Ich frage sie, wie weit es noch sei bis St. Petersburg. Sie sagt, bis Piter seien es so sechs oder sieben Kilometer. Piter? Ah ja, so nennen die Russen St. Petersburg. Nach sechs oder sieben Kilometer komme ich an ein großes Schild an der Straße, auf dem St. Petersburg geschrieben steht. Dann begreife ich, dass ich erst an der Grenze zum riesigen Bezirk, zur Oblast St. Petersburg angelangt bin. Ich fahre weiter, Dutzende um Dutzende Kilometer. Die Küste entlang führt jetzt eine Velopiste, die zum Teil gut ist. Ich benutze sie. Wenn sie schlecht wird, gehe ich zurück auf die Straße, auch das geht, dann kehre ich für ein weiteres Stück zurück auf die Velopiste.

Jetzt habe ich das Gefühl, dass ich mich der Stadt St. Petersburg überhaupt nicht nähere. Wo ist sie? Wo ist Piter? Der Verkehr wird immer intensiver. An einem Rotlicht, ich bin auf der Velopiste, sehe ich auf der Straße einen Gümmeler. Ich

САНКТ-ПЕТЕРБУРГ

biege ein auf die Straße, bald bin ich an seinem Hinterrad. Er fährt sehr unregelmäßig, hält immer wieder an und weiß nicht, wie das geht mit dem Windschatten. Ich überhole und grüße ihn, mache ihm ein Zeichen, dass er in meinen Windschatten kommen kann, doch er versteht mich nicht, ich hänge ihn ab. Später sehe ich ihn wieder. Er fährt wie ein Anfänger. Ich spreche mit ihm auf Englisch, doch er scheint irgendwie verwirrt und nicht ganz von dieser Welt zu sein. Vielleicht denkt er dasselbe von mir.

Es läuft rassig auf den Prospektij, den Stadtautobahnen, und allmählich habe ich den Eindruck, in St. Petersburg anzukommen. Es ist auch Zeit dazu, Tabernakel! Jetzt scheint die Sonne prächtig, es ist zwanzig Grad warm.

Viel zu früh habe ich mir den Stadtplan von St. Petersburg griffbereit in die Tricot-Tasche geschoben. Auf dem Plan habe ich am unteren Rand die Prawda-Straße gefunden und angekreuzt.

Ich gerate mitten in einen idiotisch dichten Feierabendverkehr, überhole Kolonnen um Kolonnen von Autos, die im Stau stecken und finde die Prawda-Straße und dann auch noch das Park Lane Inn im fünften Stock.

Gegenüber ist das Jager Haus 2001, eine bayerische Kneipe. Ich will plötzlich Sauerkraut. 20 Uhr 48. Bis heute habe ich eine Reisedistanz von 3600 Kilometern. Das ist etwa so lang wie die Tour de France. Bonsoir.

Das Sauerkraut und die Lammwürstlein sind sehr gut. Dazu bestelle ich eine Portion Kartoffeln und dann noch eine Portion Sauerkraut. Vor mehr als einem Monat habe ich noch über das Sauerkraut und seine Folgen geschimpft, jetzt bestelle ich eine zweite Portion davon. Es überfällt mich das Absurde dieser Situation, ich denke an die Belagerung Leningrads, wie St. Petersburg zur Sowjetzeit hieß, durch die Wehrmacht während des Zweiten Weltkriegs. Zuerst wollte die Wehrmacht Leningrad erobern, dann wurde aus der Eroberung eine Belagerung, mit dem Ziel, die Bevölkerung auszuhungern. Das Vorhaben war grässlich erfolgreich, denn in den neunhundert Tagen der Belagerung verhungerten eine Million Menschen.

Ich sitze jetzt in einer bayerischen Kneipe in Russland und finde sie sympathisch, bestelle noch ein Bier namens Weizenfeld. Dann zahle ich und schäme mich meiner Sattheit.

Ich denke zurück an meinen gestrigen Etappenort Sovjetskij. Das war ein Hinterwäldler-Russland, das war ein Ausflug über eine afrikanische Lotterpiste zurück in die Zeit der Sowjetunion, auch in ein ländliches Russland. Dann unterwegs, schon im schicken Restaurant von Selenogorsk, bin ich in eine andere Welt gekommen. Da waren Geschäftsleute am Verhandeln, vor dem Restaurant standen BMWs und Audis. Und jetzt bin ich in St. Petersburg, einer sehr lebendigen Stadt mit lebenslustigen Menschen.

Ich spaziere um den Häuserblock herum, lande dann in einer anderen Kneipe, die so im Untergeschoss ist, dass das Tageslicht nur durch die obersten Streifen der Fenster hineindringt. Dort trinke ich ein SEHR großes Bier, ich glaube, es ist eine Maß, wie die Bayern, schon wieder die Bayern!, das anscheinend nennen. Die Kneipe hängt voller roter Ballons, die Wirtin erzählt, dass hier eine Hochzeit war und schenkt mir zwei Ballons, die ich an den Henkel des Bierhumpens binde. Sie sind rot und weiß, und weil sie mit einem Gas gefüllt sind, schweben sie nach oben. 23 Uhr 17. Jetzt gehe ich zurück in meine Herberge. Ich schwanke ein wenig und ich spüre, wie anstrengend der Tag war.

Viele russische Männer tragen Mariconeras, diese Herren-Handtäschchen, die im Westen während der 1980er-Jahre für kurze Zeit Mode waren. Hier überleben die weibischen Herren-Handtäschchen.

An den russischen WCs steht für Damen dieses Symbol: △ (und darüber ein O), und für Herren geht das Dreieck mit der

Spitze nach unten wie eine Rübe, und darüber ist auch das O, also der Kopf.

Also so: ○̱△ für Weiblein und   ○̄▽ für Männlein.

Mir scheint, es herrscht eine allgemeine Rauheit. Mit dem Grüßen sind die Russen nicht so extrem resistent wie die Finnen, doch auch sie halten nie die Türe offen für das folgende Individuum. Sehr viele automatische Türschließer sind so stark eingestellt, dass kaum eine Türe normal schließt. Die Normalität ist vielmehr ein allgemeines Türenzuknallen. Das allgemeine Türenzuknallen herrscht in Finnland wie in Russland. In Finnland machen sie es noch von Hand, in Russland schon mit Türschletz-Anlagen. Doch das elektrisch-mechanische Türschletzen fällt niemandem auf und keinen stört es hier, weil die Russen zu den lärmresistentesten Völkern gehören.

Mir fällt auf: In Finnland habe ich über Land kaum je einen Menschen zu Fuß gesehen, in Russland sehe ich immer wieder welche.

Tag sechsunddreißig   **St. Petersburg, Ruhetag**

Heute soll Pete nach St. Petersburg kommen. Mister Pete kommt nach Piter, und ich freue mich auf ihn. So wird die reisende Einsamkeit ein Ende haben. Ich schlafe aus bis nach neun Uhr. Um halb zehn gehe ich zum Frühstück. Da ist eine Gruppe deutscher Gäste. Mir fällt auf, wie nett die grüßen und mir die Kaffeemaschine erklären. Später wühle ich ein wenig in meinem Haushalt herum und habe dann Lust, zu Fuß in die Stadt zu gehen.

Die Stadt ist groß. Piter ist riesig, nach Moskau, London und Istanbul die viertgrößte Stadt Europas. Paris kommt mir im Vergleich zu Piter vor wie ein kleines Städtchen. Kein Wunder: Paris ist in der Liste der großen Städte bloß auf Platz neun. Es ist ein heißer Sommertag. Ich wandere auf dem Nievskij-Prospekt, der je Richtung zwei Fahrspuren hat. Es herrscht ein intensiver Rummel. Ich sehe einige Velofahrer, die mit den Autofahrern zurechtkommen. Kaum ein Velofahrer trägt einen Helm. Ich gerate an eine Metrostation und schaue mir den Plan an. Da sehe ich, dass man mit der Metro und dann im Bus zum Flughafen fahren kann. Ich ändere meine Pläne und beschließe, den Pete abzuholen.

Die U-Bahn ist irrsinnig weit unter der Erde zu finden, die Stationen, von denen manche prächtige Hallen sind, scheinen weit voneinander entfernt zu sein. Ich Landbub bin fasziniert. Bei der Moskowskaja fahre ich auf der langen Rolltreppe wieder hinauf ans Tageslicht und nehme den Bus zum Flughafen, und da bin ich wieder in Afrika. Es sind da so Kleinbusse für zehn oder zwölf Personen, ein Fahrer und ein Kopilot, der ich glaube zwölf Rubel kassiert. Es gibt kein Billet, alle Sitze sind besetzt, doch gebückt stehen im engen Gang noch drei oder vier Personen mehr, sodass sich die Fahrt für den Unternehmer lohnt.

Um halb eins bin ich schon am Flughafen, und Mister Pete kommt erst um Viertel nach zwei an. Ich esse wieder einmal, und zwar einen griechischen Salat, und spaziere dann herum. Im Flughafen von St. Petersburg kommen die Gäste aller angekommenen Flugzeuge durch ein einziges Portal in die Ankunftshalle. Da schreitet auch Mister Pete mit seinem Velo-Karton durch das Tor.

Wir finden einen tollen Taxichauffeur, der sich abschuftet, bis er den riesigen Karton und die zwei Mann in seinen Wagen gekriegt hat. Er bringt uns ins Parklane Inn. Die Reise dauert wohl eine halbe Stunde.

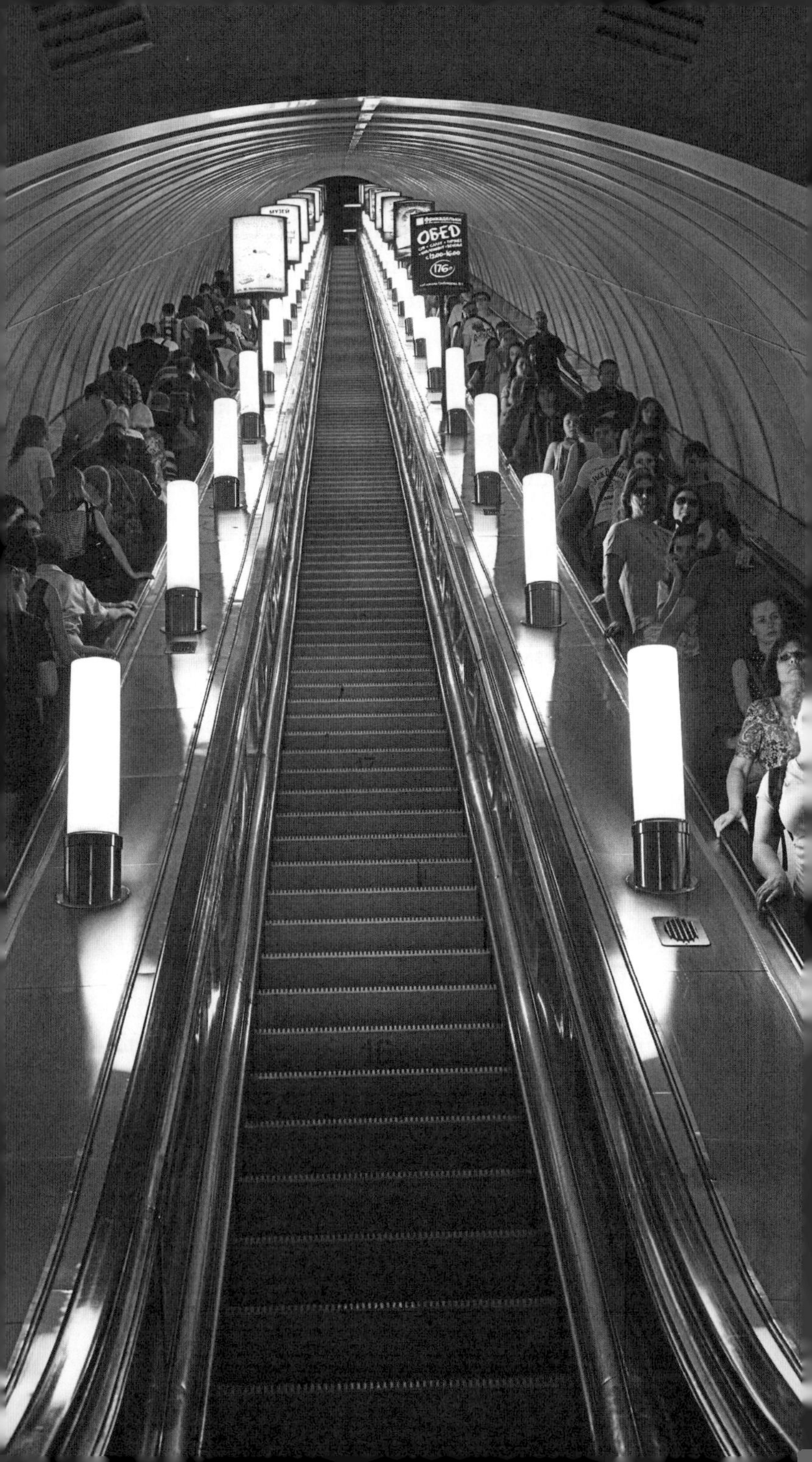
МУЗЕЙ
Фрикадельки
ОБЕД
с12:00-16:00
176р

Mister Pete und ich spazieren etwas herum, dann machen wir uns auf, um zwei Theatermänner zu treffen, deren Kontakt Mister Pete auf Umwegen bekommen hat. Der ältere ist ein 55-jähriger Russe, sein deutscher Assistent ist zwanzig Jahre jünger. Zusammen arbeiten sie mit an einem schweizerisch-russischen Bühnenprojekt, das die Zimmerwalder Konferenz der Sozialistischen Internationale von 1915 zum Thema hat, bei der auch Lenin zugegen war. Sie tarnten damals die Konferenz im Bauerndorf nahe bei Bern als eine Zusammenkunft von Ornithologen; das Stück heißt *Alle Vögel sind schon da*. Es ist ein irrsinnig interessanter Abend. Die beiden werden im Spätsommer für die Inszenierung in die Schweiz kommen.

In der Planung ist mir wieder einmal ein Fehler passiert. Ich hätte das Zweierzelt mitbringen sollen, denn Pete hat Schlafsack und Liegematte dabei. Ich habe nur das Einerzelt im Gepäck. Ich bin ein Idiot.

Tag siebenunddreißig **Ruhetag in St. Petersburg**

Wir schlafen aus, dann gehen wir in die Stadt, ergeben uns ihrer Riesigkeit. Die Eremitage ist ungeheuer groß, viel größer als etwa der Louvre, wie es scheint. Das sagte Sergej. Die Eremitage hat Bilder aus ganz Europa, das Russische Museum zeigt ausschließlich russische Künstler, ist für Russland-Besucher also vielleicht interessanter.

Gleich gegenüber der Eremitage essen wir zu Mittag. Da sind lauter schöne Damen, bei denen nicht ganz klar ist, was sie hier so tun, manche von ihnen arbeiten ein wenig im Restaurantbetrieb, dann verschwinden sie, tauchen wieder auf und hängen wieder herum. Es ist eine seltsame Szenerie.

Wir gehen ins Russische Museum, schauen uns eine Ausstellung an über Grafik und andere Kunst aus dem Ersten Weltkrieg, der vor hundert Jahren ausgebrochen ist. Da sind wahnsinnig starke, gute Sachen, und es ist eine traurige, bedrückende Schau. In einem anderen Saal ist die Ausstellung eines Künstlers, der einen deutsch klingenden Namen hat; ich habe ihn vergessen. Er hat tolle Bilder aus dem Himalaya gemalt, Gipfel, die an das Finsteraarhorn erinnern.

Dann sind wir geschafft. Die Hitze ist drückend. Pete sucht ein Postbüro, um den Schlafsack und die Liegematte in die Schweiz zu schicken; er schickt meine Liegematte, weil ich nun die seine, leichtere ausprobieren darf. Diese Post-Aktion gelingt in kurzer Zeit, Schlafsack und Liegematte sind schon unterwegs in die Schweiz.

Wir treffen uns dann im Mamma Roma, einem italienischen Restaurant, in dem wir sehr gut essen. Ab ins Bett.

Tag achtunddreißig **St. Petersburg – Sosnovy Bor**

Um sieben Uhr stehen wir auf, fangen an zu packen, kurz nach acht Uhr gehen wir zum Frühstück. Schon früh herrscht die schwere Sommerhitze.

Um Viertel nach neun fahren wir los, suchen uns die Route von einem Kanal zum nächsten, dann um den Hafen herum, zuerst von Prospekt zu Prospekt, dann von Chaussée zu Chaussée, das Wort gibt es auch im Russischen, kommen dann an die Küste.

Wieder merke ich, dass St. Petersburg ein riesiger Moloch ist, denn die ersten dreißig Kilometer sind wir immer noch auf Sankt Petersburger Oblastgebiet. Der Verkehr ist intensiv, die Autofahrer sind anständig.

Der russische Theatermann hat gestern gesagt, dass wir diese Straße nicht fahren könnten, weil sie militärisches

Sperrgebiet durchquere, doch wir merken davon nichts. Wir kommen zwar immer wieder an Kasernen vorbei, doch nirgends ist eine Sperre.

Rechts von uns ist die Inselfestung Kronstadt, ganz im Osten des Finnischen Meerbusens gelegen. Sie wurde gebaut, um St. Petersburg gegen Angriffe feindlicher Schiffe zu schützen. Bis zur Wende gehörte sie zu einem für Zivilisten verbotenen Gebiet, heute ist Kronstadt eine beliebte Sehenswürdigkeit.

Eine halbe Fahrstunde lang sehen wir das Meer, das sehr ruhig daliegt, ohne Wellen und mit viel Gras im Wasser. Sonst fahren wir meistens im Wald. An der Straße sind ein paar Kriegsdenkmäler und Soldatenfriedhöfe, immer und immer wieder Denkmäler und Friedhöfe. Landschaftlich ist diese Etappe nicht sehr attraktiv. Zum Glück haben wir um die Mittagszeit ein Hamburgerlokal gefunden und so einen gegessen, und zwar einen sehr guten. Danach sehen wir keine Kneipe mehr auf etwa achtzig Kilometern.

Wir kommen nach Sosnovy Bor, sehen dort ein paar Hochhäuser, dann ein Atomkraftwerk, schon ist Sosnovy Bor hinter uns, und wir passieren das Ortsende-Schild. Es ist schon spät am Nachmittag. Zum Glück sehe ich einen Menschen am Straßenrand in einem Auto sitzen und frage ihn nach einem Gostiniza. Er sagt in sehr gutem Englisch, da sollten wir zehn Kilometer zurückfahren. Also machen wir das und fragen uns durch zum Hotel, das ebenfalls Sosnovy Bor heißt.

Mister Pete braucht etwas Zeit für die Hygiene. Ich trinke schon einmal ein Bier und schreibe die Notizen. Dann kommt Mister Pete zum Nachtessen.

Ich glaube, heute war eine der am wenigsten schönen Etappen bisher, und es tut mir leid, dass sie zusammenfällt mit Mister Petes erstem Tag auf dem Velo.

Gestern habe ich in Petes Lonely-Planet-Führer gelesen.

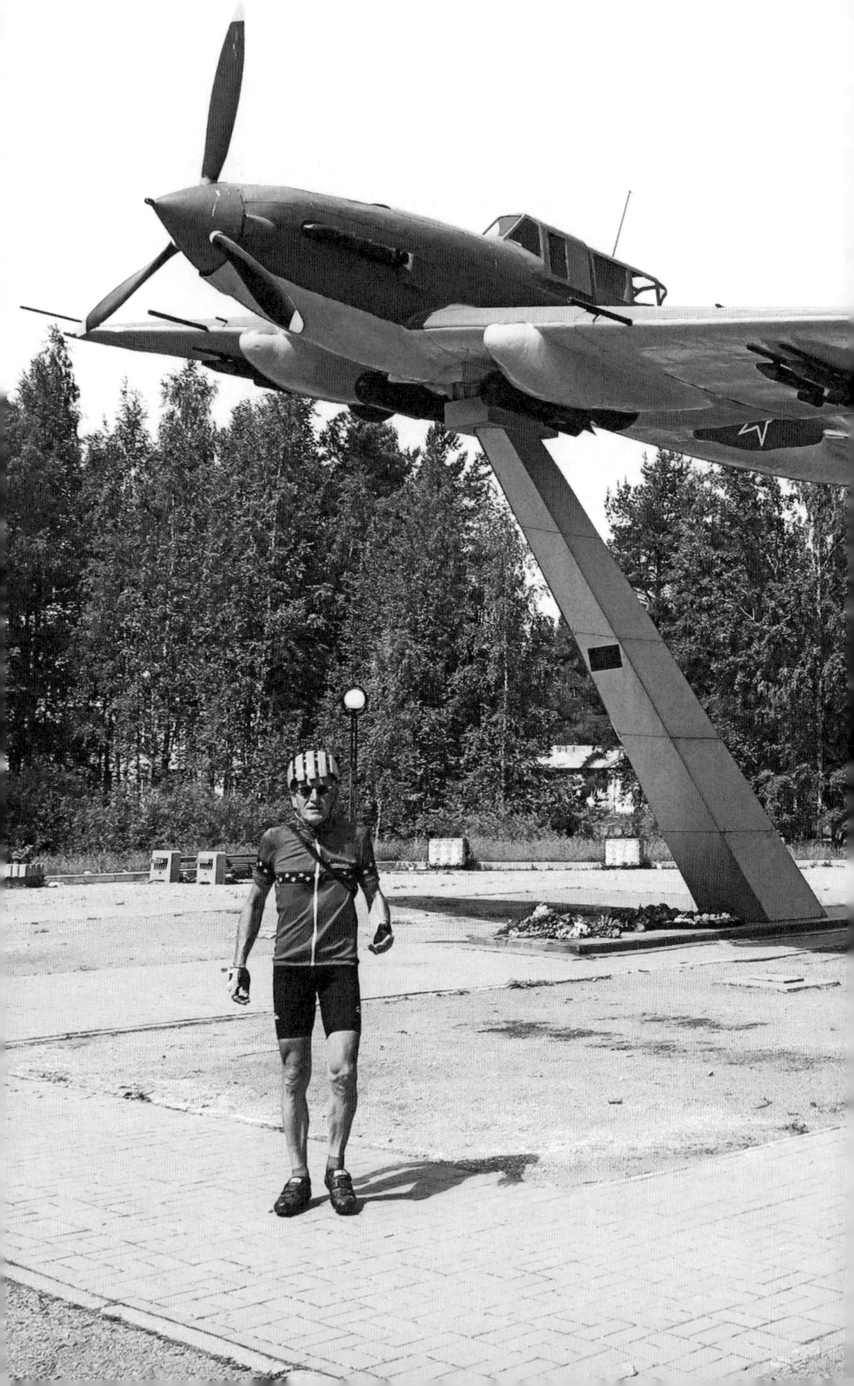

Dort empfehlen sie, die Strecke von St. Petersburg nach Tallinn am besten im Flugzeug hinter sich zu bringen. Für die heutige Etappe verstehe ich diese Empfehlung, doch ich finde sie für die sonst unternehmungslustige Lonely-Planet-Reihe auch ein wenig brav und nicht sehr umweltbewusst.

Tag neununddreißig **Sosnovy Bor – Narva**

Nach dem spärlichen Frühstück radeln wir los, fahren abermals an dem AKW vorbei, rollen dann durch unendliche Waldgebiete ohne Fernsicht. Das Meer werden wir den ganzen Tag lang nicht sehen. Zum Teil ist die Straße fürchterlich schlecht, zudem regnet es, und das Fahren wird noch schwieriger. Fast nirgends ist eine Kneipe zu sehen, bis in einem Dorf mit einem hübschen Markt. Der Service ist etwas schleppend, doch da könnten wir Schweizer von den Russen einiges lernen. Die Russen nehmen es ruhiger, sie sind geduldiger. Dann weiter. Und wir sehen nirgends mehr einen Kneipen-Stützpunkt. Denn das sind sie für den Velofahrer, die Kneipen: Stützpunkte. Zum Glück haben wir eine Fleischbrühe, eine Soljanka gegessen. Jetzt ist die Straße nicht nur schlecht im Belag, sondern auch schlecht ausgeschildert; oder aber wir interpretieren die Schilder falsch. Wir gelangen nach Kingisepp, was eigentlich nicht geplant war. Dort erreichen wir die Europastraße E 20, und die ist sehr gut zu fahren. An einem Kontrollposten der Armee will ein junger Mann in einer Winter-Uniform unsere Pässe sehen, schickt uns weiter nach Ivanograd, der letzten Stadt Russlands vor der Grenze. Ich würde hier ins Hotel gehen, denn es ist achtzehn Uhr und ich befürchte komplizierte Zollformalitäten. Pete schlägt vor, schon heute nach Estland hinüber zu gehen.

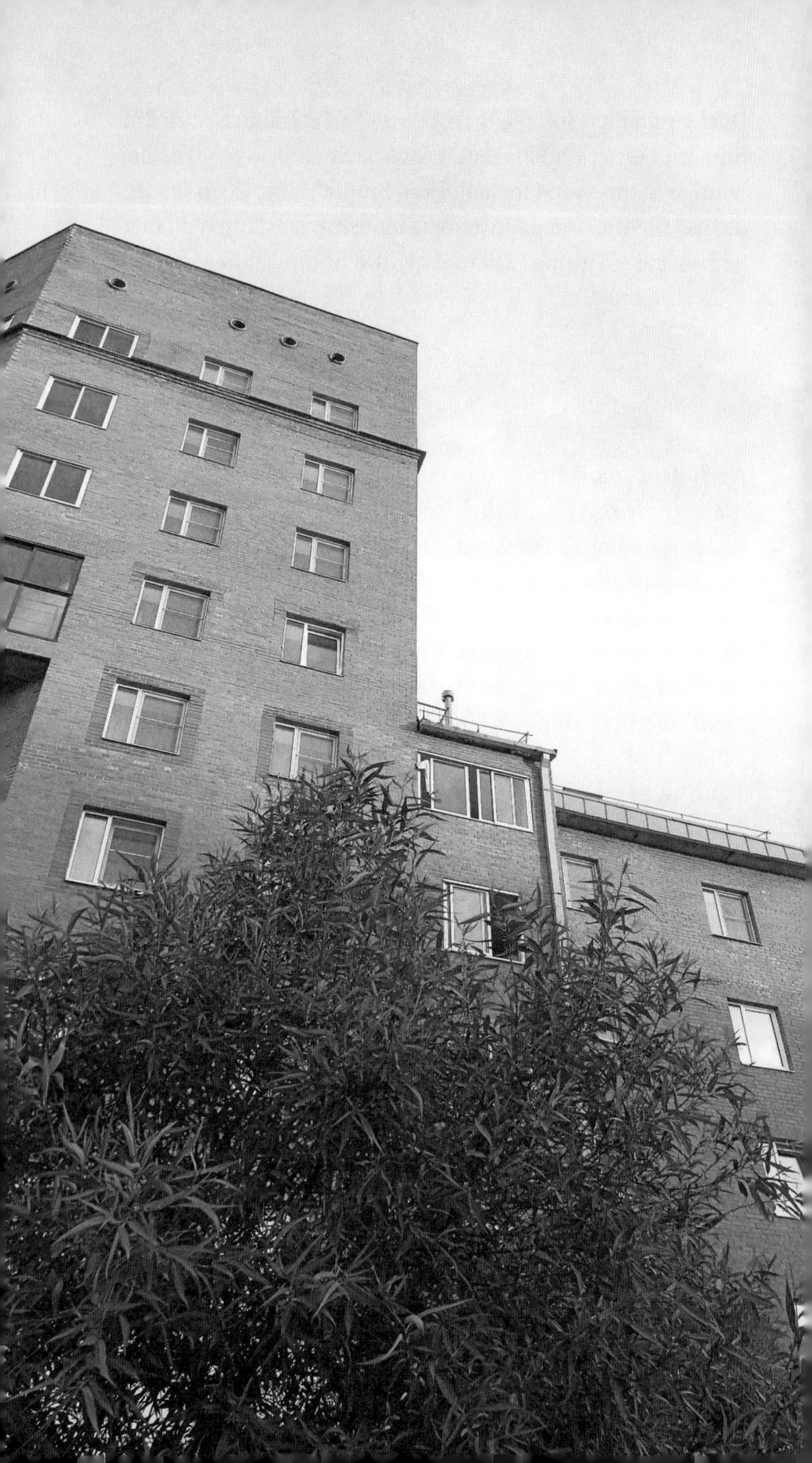

ESTLAND

Menschen, die ein Gespräch führen wollten, waren mir schon immer verdächtig.

Thomas Bernhard

Meine Befürchtungen waren unberechtigt, der Grenzübertritt geht ganz leicht über die Bühne, und wir sind drüben, in Estland, finden in Narva das Hotel King, essen gut, und Gute Nacht. Hier sind viele finnische Gäste.

Tag vierzig	**Narva – Saka Mõis**

Das Land ist auch heute, am Sonntag, voller Friedhöfe und Kriegsdenkmäler vom Zweiten Weltkrieg. Die Region ist etwas bedrückt und ein wenig bedrückend. Zu dieser Melancholie tragen auch die Wachtürme und Militärbaracken bei, die nach der Sowjetzeit hier stehen geblieben und am Zerfallen sind. Hier war der Eiserne Vorhang an der Ostsee. Hier sieht man weniger fette Leute als in Russland. Stundenlang fahren wir wieder durch verdreckte Wälder, sehen weder das weite Land noch das weite Meer.

Da merke ich: Ich bin müde von der Ostsee, die man so wenig sieht.

Oft wird die Straße abrupt viel schlechter, wir zirkeln zwischen den Schlaglöchern durch. Über weite Strecken reisen wir, ohne ein einziges Haus zu sehen, geschweige denn ein angeschriebenes, das heißt eine Herberge.

Ein Mittagessen finden wir im einzigen Gasthaus von Kotula-Järve. Es steht nahe am Meeresufer. Die Aussicht, endlich die ersehnte Aussicht aufs Meer, wäre eigentlich hübsch, doch sie haben die großen Fensterfronten mit dicken und dunklen Vorhängen zugehängt und zugedeckt, sodass man nicht hinausschauen kann. Nur Touristen wollen durch die Fenster aufs Meer hinausschauen. Hier, im düsteren Innern, brennen die elektrischen Lampen. Es herrscht eine sowjetische Stimmung, als ob die Wende noch nicht stattgefunden hätte. Bei der Weiterfahrt regnet es zweimal zünftig.

Am Nachmittag, beim zweiten zünftigen Regen, stellen wir uns bei einem Café unters Dach. Dort sitzen junge Leute, die uns sagen, dass Finnisch und Estnisch verwandte Sprachen sind.

Wir suchen nach einem Hotel und denken, am Meer unten könnte vielleicht etwas sein. Es geht an einem Haus vorbei, vor dem ein Mann und eine Frau daran sind, Wodka zu trinken. Mister Pete fragt sie nach einem Hotel, sie schicken uns hinunter an den Strand. Da ist die Straße zu Ende, wir fahren auf einer Sandpiste weiter, die aber im Unterholz endet. Was, hier soll ein Hotel sein? Wir wenden und fahren zurück, bergauf jetzt und wieder am Haus der Wodka-Trinker vorbei. Die Frau liegt jetzt besoffen mit verdrehten Füßen im

Gras und lallt. Der Mann ist nicht zu sehen. Der Hund, der einzige Nüchterne, bellt wie wild im Gehege.

Wir erreichen die große Straße, fahren nach links, suchen weiter und werden fündig in Saka Mõis. Die Hotelanlage mit einem Campingplatz ist so prächtig, dass ich Lust habe zu zelten. Mister Pete mietet ein Zimmer. Das Essen ist herrschaftlich und gut. Hier hat man ein wenig Schlossgefühle.

Tag einundvierzig **Saka Mõis – Viinistu**

Mein alter Freund Benno hat schon ein paar Nachrichten geschickt. Seit gestern sind er und sein Neffe David in Käsrun, in der Gegend, wir machen ab auf Mittag in Rakvere. Ich warte immer eine Weile auf Mister Pete, bis wir losfahren können.

Es ist ein prächtiger Sommertag. Wir schwatzen mit ein paar deutschen Töfffahrern, die auch im Hotel Gäste sind und nicht glauben können, was wir da machen. Ich kann es auch nicht glauben. Wenn mir jemand am Anfang der Reise Komplimente macht, tue ich bescheiden und sage, ich hätte ja erst begonnen mit dem Unternehmen. Doch wenn alles gut geht, mache ich heute den viertausendsten Kilometer. Und nach viertausend Kilometern lasse ich mich loben, unwidersprochen, denn, eben, ich selber kann es ja auch nicht glauben.

Auch in Estland kann man die E20/Hauptstraße 1 gut befahren, die Automobilisten sind anständig. Wir erreichen eine Umleitung vor einer angekündigten Baustelle. Es heißt, nach zehn Kilometern sei die Straße unterbrochen. Ach, das kennen wir doch. Ich erzähle Mister Pete mein kleines Abenteuer am zweiten Tag dieser Reise, in Dänemark, und sage: »Also hopp!« Wir lachen und fahren weiter. Zehn Kilometer weit haben wir die Straße für uns. Dann erreichen wir die Baustelle. Wie damals in Dänemark sind sie auch hier daran, eine neue Straßenbrücke zu bauen, diesmal über einen Fluss. Daneben ist eine Passerelle für Fußgänger, über die wir gehen und die Velos schieben.

Es ist heiß, die Straße gut und als wir Rakvere erreichen, schlägt es zwölf. Wir gehen in das Spa-Hotel, das Benno uns angegeben hat. Schon tauchen er und sein Neffe David auf. Zusammen gehen wir zum Mittagessen. David studiert im Moment in Schweden, sonst ist er an der ETH in Zürich. Er und Benno touren gemeinsam in einem Mietauto durch die baltischen Staaten.

Benno, der selber ein Kulturmensch ist, bringt uns viel baltisches Informationsmaterial mit. Er schwärmt vom kulturellen Reichtum und macht uns Empfehlungen, was wir uns alles anschauen könnten. Da merke ich, dass er und sein Neffe eine ganz andere Reise machen als wir. Auf einer Veloreise können wir unterwegs viel weniger besichtigen als unsere Freunde, die im Auto reisen. Das Auto ist kulturellem Tun also vielleicht zuträglicher als das Velo. Das Radfahren verschafft aber eine andere Optik, ein anderes Raumerlebnis. Der Velofahrer muss auswählen. Er kann nicht alles anschauen, und das, was er nicht anschauen kann, muss er sich selber erfinden.

Mit Benno und David verbringen wir drei schöne Stunden draußen in der Gartenbeiz. Doch jetzt verabschieden wir uns, Pete und ich radeln weiter auf der E 20 / Hauptstraße 1, in Kolga zweigen wir rechts ab und fahren hinauf zur Küste. Zweimal geraten wir in kräftigen Regen. Loksa ist wieder so ein Dorf, in dem die sowjetische Zeit stehen geblieben zu sein scheint. Ich frage einen jungen Burschen nach einem Hotel, er bringt uns zu einem Haus, doch in dem Haus ist niemand, der Junge zuckt die Schultern. Wir radeln weiter Richtung Meer und finden in Viinistu eine tolle Herberge, direkt am Hafen. Hier ist ein wunderbarer Ort, und wir bekommen ein Zimmer. Ich blicke eine halbe Stunde hinaus auf die Ostsee.

Unsere Frage nach dem Nachtessen macht das Hotelpersonal sichtlich nervös, weil heute auch eine zwanzigköpfige Belegschaft zu einem Firmenessen kommt. Wir bekommen dann doch noch ein gutes Lammfleisch.

Am Mittag hat Benno uns eine Flasche Valpolicella Ripasso geschenkt. Die haben wir heute transportiert, doch der Weintransport auf dem Velo ist eher unpraktisch. Ich erkläre den Fall dem Wirt, und wir dürfen den Valpolicella zum Nachtessen trinken, dazu werden uns schöne Gläser geliehen.

Das Meer macht mich glücklich.

Tag zweiundvierzig	**Viinistu – Tallinn**

Viinistu ist einer der hübschesten Orte bisher. Vom Restaurant, aber auch vom Zimmerbalkon aus genießen wir die Aussicht auf das Meer. Sonst hat man überall den Eindruck, die Menschen wollten dem Meer den Rücken zukehren; und so bauten sie auch ihre Häuser.

Wir fahren um die Halbinsel herum. Hier sind wieder die Spuren der Sowjetunion sichtbar. Immer wieder sehen wir Grenz-Wachtürme, Reste von Scheinwerferanlagen, Kasernen und abgesperrte Gelände. Immer wieder wecken sie in mir Erinnerungen an Filmszenen von Andrei Tarkowski. Ich mache also jetzt Tarkowski-Bilder, denn hier findet man genügend Sujets dazu.

Lange sind wir auf schmaler Straße in Wäldern unterwegs. Links an der Straße fällt uns ein hübsches, gepflegtes Haus auf, und schon ist die Wirtin davorgesprungen und bietet uns ein Zimmer an. Für ein Zimmer ist es jetzt aber etwas früh, denn heute möchten wir nach Tallinn. Die Wirtin erklärt uns ihre Pension und sagt, dass sie oft Gäste aus der Schweiz im Hause habe. Sie will uns das Innere ihrer Herberge zeigen, doch wir lehnen höflich ab und sagen, dass wir weiterfahren möchten.

In Kuusalu gehen wir zurück auf die Hauptstraße.

Kurz vorher holt uns eine Gruppe Jugendliche und Kinder auf Rennvelos ein. Wir grüßen sie. Und dann stutzen wir. Jetzt merken wir, dass hinter der Gruppe her das Auto des Trainers folgt, in der Geschwindigkeit der Velofahrer. Am Trainerauto blinken die Warnlampen, und so schützt er die Gruppe. Das praktizieren sie also auch hier. Die anderen Verkehrsteilnehmer begreifen sofort und nehmen Rücksicht, verhalten sich so, als ob ein Fuhrwerk unterwegs wäre. Das macht uns auch diesmal Spaß, das macht uns Freude.

Auf der Europastraße E 20 kommen wir jetzt rassig voran und sind etwa um vier Uhr nachmittags in Tallinn. Jetzt wird Mister Petes Hotelsuche etwas kompliziert. Wieder einmal wird mir bewusst, dass er und ich uns in Sachen Hotel unterscheiden. Ich habe die Tendenz zum Erstbesten, Mister Pete ist wählerischer. Tallinn ist eine große, hügelige Stadt, im dichten Verkehr auf Straßen unterschiedlicher Qualität und zwischen den Tramschienen muss man sehr aufpassen.

Unseren Unterschied in der Hotel-Philosophie meistert Mister Pete immer elegant, indem er sagt: »Du trinkst dein Bier, und ich suche unser Hotel.« Ich sitze vor der Oper auf einer Kurvereinsbank und schaue mir das Leben in der Stadt an. Tallinn hatte bis 1918 auch den deutschen Namen Reval und war ein wichtiger Wirtschaftsstandort der Hanse, deshalb sehr reich. In der Architektur sieht man den deutschen Einfluss.

Da kommt Mister Pete zurück. Er hat ein Hotel gefunden, eine Herberge mitten im Labyrinth der Altstadt, und innerhalb des Hauses geht es auch durch ein Labyrinth auf und ab bis zu unserem Zimmer. In der Altstadt ist ein großer Touristenrummel, ich gönne den Tallinnern das Geschäft, und Touristen sind auch wir.

In Sachen Restaurants haben Pete und ich ähnliche Unterschiede wie bei den Hotels. Und weil es in Tallinn Dutzende guter Restaurants gibt, gestaltet sich die Auswahl wieder etwas schwierig. Mister Pete kann sich nicht entschließen. Dann aber essen wir in einem Restaurant sehr gut. Es heißt zwar Déjà vu, doch wir sehen es zum ersten Mal.

Tag dreiundvierzig **Tallinn – Ainaži**

Zäh ist der Aufbruch. Der Himmel ist milchig bedeckt. Tallinn ist endlos bei der Ausfahrt, dann endlich haben wir es hinter uns. Wir haben Rückenwind, es rollt wie verrückt. In einem Café bei einer Tankstelle, das Café heißt Enge, essen wir zu Mittag, dann arbeiten wir hart weiter. Die Sonne scheint stark, wir schwitzen dankbar.

Da überholen uns Benno und David in ihrem Mietauto. Sie kamen aus der Gegenrichtung und haben etwas abenteuerlich auf der Autostraße, der Kraftfahrstraße gewendet, um uns zu begrüßen. Es ist wieder ein schöner Moment mit ihnen. Dann müssen wir uns verabschieden, denn sie müssen das Auto in Tallinn zu einer bestimmten Zeit abgeben, und wir wollen weiterkommen.

Schon von Weitem sehe ich unten in einer Senke, einer Cuvette, am Straßenrand ein seltsames Bild. Zuerst denke ich, es sei ein Radler, doch wie ich näherkomme, sehe ich, dass hier ein Mann neben einem am Boden liegenden Motorrad steht. Ich halte an, lege schön mein Velo ins Gras, gehe zum Mann, einem Esten, begrüße ihn und biete ihm eine Zigarette an, die er aber mit dramatischen Hand- und Armbewegungen ablehnt. Ich aber rauche eine. Der Mann ist unverletzt, doch sein Töff ist im Stand gegen die Straße hin umgekippt, der Mann zeigt mir, wie er sein linkes Bein hat herausziehen und vor der sicheren Zerquetschung retten können. Ich sehe, dass es ein schwerer Töff ist und sage dem Mann, dass wir auf Mister Pete warten. Nach der Zigarettenlänge, also sieben Minuten später, ist Mister Pete bei uns, und zu Dritt schaffen wir es gut, die Maschine wieder aufzurichten. Der Mann ist sehr glücklich, bedankt sich überschwänglich. Dann fährt er davon, der Este auf seinem Töff.

Etwas später kommen wir auf die Höhe eines Mannes und einer Frau, die in unserer Richtung auf einem Tandem fahren. Es ist ein schrecklicher Anblick. Das Tandem ist schlecht eingestellt, die Frau sitzt zu tief und hat beim Pedalen die Knie weit draußen, weil sie mit ihnen sonst die Lenkstange berühren würde. Beide sind gekleidet wie zum Skifahren, die zu warmen Textilien schweißnass. Normalerweise ist der Windschatten eines Tandems ein gefundenes Fressen, doch diese beiden fahren absolut unsportlich. Sie tun mir ein wenig leid. Wir überholen und grüßen sie, sie blicken uns unverwandt störrisch an und grüßen nicht zurück.

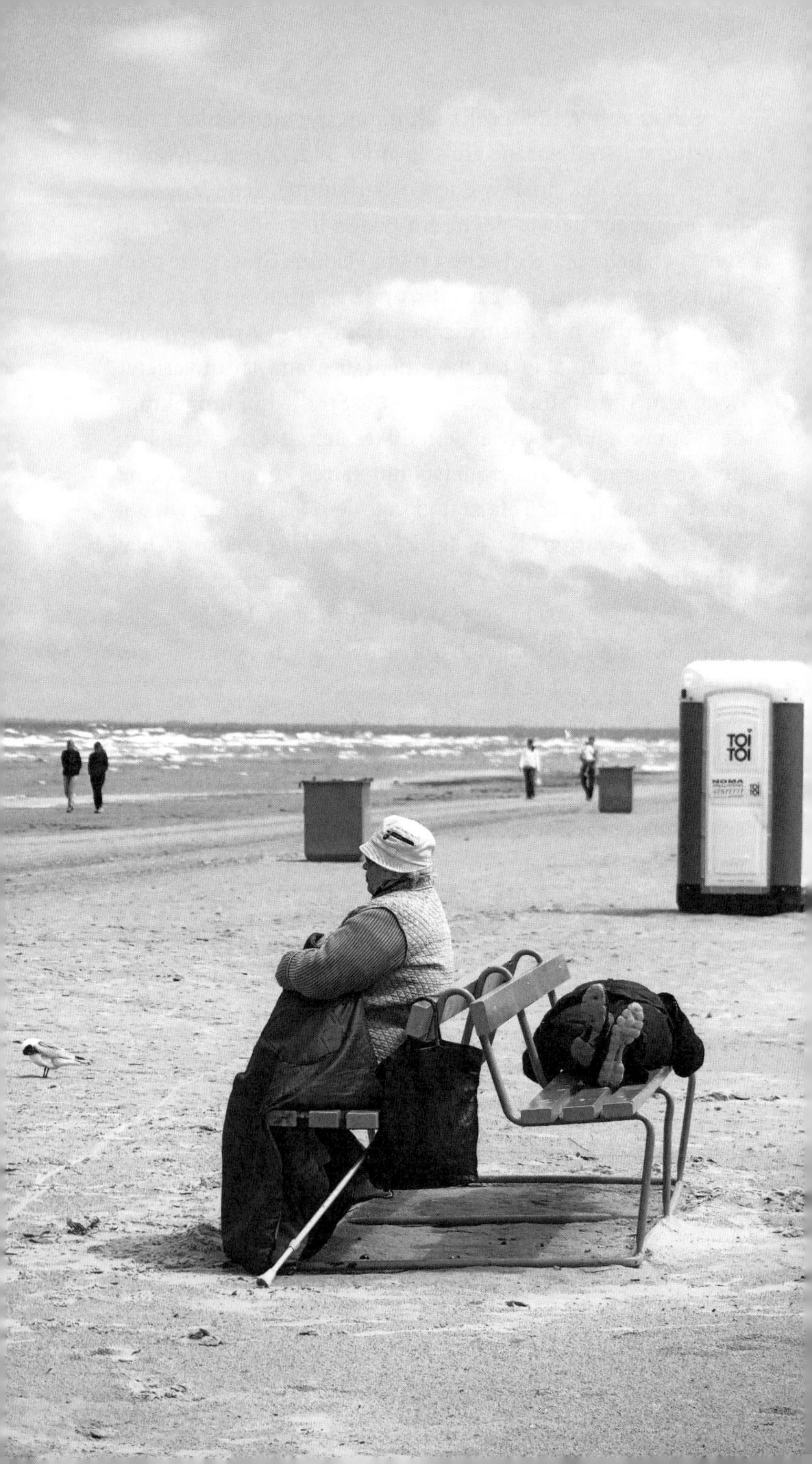

LETTLAND

Die Meere sind der sichtbare Beweis dafür,
dass Gott über seine Schöpfung geweint hat.

Paul Fort

Etwa um fünf Uhr gelangen wir an die estnisch-lettische Grenze. Die Zollanlage ist am Zerfallen und erinnert in ihrem grauen Ernst, der mit dem Zerfall noch trister ist, wiederum an die Sowjetzeit. Ich finde, man sollte diesen Zerfall unter Schutz stellen, ihn aufwerten als Zeitzeugen. Viele Einheimische haben da eine andere Meinung und finden, man sollte alles, was an die Sowjetzeit erinnert, spurlos verschwinden lassen.

Pärnu haben wir vorhin rassig durchfahren. Weil es so gut rollt, war uns Beiden klar, dass wir zur Grenze wollten. Einen Kilometer nach dem Übergang zweigen wir rechts ab ins erste Dorf, das Ainaži heißt, finden dort das einzige Gasthaus. In der Abendsonne, draußen vor dem Gasthaus, stoßen wir an auf die lange und schnelle Etappe.

Im Hotel sind außer uns eine Baslerin und ein Deutscher, der versucht, Schweizerdeutsch zu sprechen, was er gescheiter bleiben ließe.

Tag vierundvierzig **Ainaži – Riga**

Im Regen fahren wir los. Das kostet Überwindung, doch die bringen wir auf und winden uns weiter.

Ich war sehr nervös wegen der Fortsetzung der Europastraße E 67, die jetzt in Lettland als E 67/A 1 bezeichnet ist. Bezeichnet A 1 eine Autobahn? Dann könnte es schwierig werden. Wir sehen, dass A 1 soviel bedeutet wie Hauptstraße 1, also Kraftfahrstraße eins, und auf dieser geht es ohne Probleme voran. Jetzt finden wir auch die Velo-Europaroute 13 ausgeschildert. Zum Teil führt die auf der A 1, zum Teil auf parallelen Velopisten oder kleinen Slalom-Straßen, die manchmal sehr schlecht sind. Einmal folgen wir der Route 13 rechts ab von der A 1 und landen dann im Dschungel, kehren zurück auf die A 1 und bleiben ihr treu.

Bei Saulkrasti hingegen unternehmen wir wieder einen Veloroute-13-Versuch auf einer kleinen Nebenstraße, und der lohnt sich sehr. Diese Nebenstraße führt uns zu einem Dorf namens Dunte, und dort steht ein Museum, das dem deutschen Adligen Hieronymus Carl Friedrich Freiherr von Münchhausen gewidmet ist. Dieser hat im 18. Jahrhundert einen Teil seiner militärischen Karriere im nahen Riga gemacht, ist mit seinem ebenfalls adligen Freund Georg Gustav von Dunte hie und da zur Entenjagd hierher gekommen. Hier hat Münchhausen auch Georg Gustavs Tochter Jacobine angelacht und später geheiratet. Später lebte er in Dunte. Bekannt wurde Münchhausen als Lügenbaron, seine Lügengeschichten literarisch verarbeitet und publiziert hat sein

Zeitgenosse Gottfried August Bürger. Der Museumführer fügt bei, im Zentralpark von Königsberg/Kaliningrad könne man ein Münchhausen-Denkmal besichtigen.

Wir sitzen, essen und trinken in der Kneipe beim Museum, zwischen dem Kinderspiel- und dem Parkplatz. Da kommen Reisegruppen an, steigen aus ihren Bussen, nehmen teil an geführten Rundgängen durch das Museum.

Schon lange hätte ich mich kümmern müssen um die Hotelreservation in Riga, und ich habe es schlittern lassen. Das wird uns heute bewusst, und ich schäme mich für diese sträfliche Unterlassung der Reiseleitung. Immerhin haben wir von Benno einen Stadtplan von Riga mit ein paar Hotelangaben erhalten. Da beginnt Mister Pete zu telefonieren. Einmal, zweimal, viermal, siebenmal. Alle Hotels sind ausgebucht. Dann bekommen wir doch noch ein Zimmer im Hotel Tallink. Die Einfahrt nach Riga ist mühsam, die Straße zum Teil sehr schlecht; viel mühsames Kopfsteinpflaster. Wir haben Mühe, das Hotel zu finden, es gelingt uns dann doch.

Für die schlechte Reiseleitung, das heißt die unterlassene Hotel-Reservation in Riga schäme ich mich so sehr, dass ich heute Abend den Rotwein zahle. Dieses Zimmer haben wir nur für eine Nacht und morgen haben wir dasselbe Problem. Ich bin nervös. Was wird morgen, wenn zwei weitere Fahrer, der schöpferische Bernhard und Unicum Zwack, zu uns stoßen?

Ich bin müde, gute Nacht.

Tag fünfundvierzig **Ruhetag in Riga**

Wir schlafen aus, gehen erst nach neun Uhr zum Frühstück. Jetzt erst wird mir klar, dass ich mir wegen der verschlampten Hotelreservation keine Vorwürfe hätte machen müssen, denn ich habe dies vergessen: Es war abgemacht, dass der schöpferische Bernhard das Hotel reservieren sollte, und er hat das nicht gemacht. SMS hin und SMS her. Ergebnis: Der schöpferische Bernhard und Unicum Zwack finden in Riga auch kein Hotel. Mister Pete und ich müssen das Hotel Tallink am Mittag verlassen. Die Managerin aber ist sehr nett und legt sich ins Zeug, findet Zimmer für vier Personen im Hotel Albert. Wir ziehen um. Der schöpferische Bernhard und Unicum Zwack sind also auch untergebracht. Ich spaziere in der Stadt herum, sehe, wie alte deutsche und russische, dann sowjetische Architektur aufeinandertreffen. Es herrscht Touristenrummel, auch ich bin ein Tourist, und fertig. Eine schöne, schöne Stadt das. Das Freiheitsdenkmal ist martialisch und traurig, weil es für die Freiheit immer viele Tote gibt. Ich merke, dass ich zu müde bin, um mir ein Museum anzuschauen.

Mit einem Taxi fahre ich zurück ins Hotel, wo ich mit Mister Pete abgemacht habe. Wir spazieren in die Altstadt, finden ein italienisches Restaurant, das sich als sensationell herausstellt. Mister Pete sagt, er habe noch nie so gute Lasagne gegessen. Wir trinken schweren Amarone. Amarone in Riga.

Auf unserem Heimweg kommt vom schöpferischen Bernhard eine Mitteilung, dass er und Unicum Zwack schon im Hotel seien, in der Bar im elften Stock. Wir sausen hin. Ich trinke viel Bier, auf des schöpferischen Bernhards Rechnung, weil der die Zimmer nicht reserviert hat; es wäre eigentlich seine Aufgabe gewesen.

Chübeli um und ins Bett.

Tag sechsundvierzig   **Riga – Engure**

Starker Regen fällt am Morgen. Frühstück um neun Uhr. Der schöpferische Bernhard, ein Arzt um die fünfzig, und Unicum Zwack, ein pensionierter Bankier, wollen noch eine Weile in Riga bleiben, Mister Pete, ein Redaktor um die sechzig, und ich fahren um elf Uhr los. Der Regen hat aufgehört. Wir kommen nach Jürmala, zum dreißig Kilometer langen Strand mit einigen Kurorten. Der Regen hat aufgehört. Endlich ist wieder die Ostsee zu sehen, stundenlang. Mehrmals ziehe ich Schuhe und Socken aus, bade die Füße, hole tief Luft. Das Fußbad hat etwas Andächtiges. Über viereinhalbtausend Kilometer fahre ich ein Gewässer entlang, ohne es kaum je zu erblicken. Normale Menschen bereisen Küsten, von denen aus man aufs Meer blicken kann. Das liegt in der romantischen Reiseauffassung. Küsten zu bereisen, von denen aus man das Meer nicht sieht, die also eigentlich keine Küsten sind, das ist nicht ein romantisches, sondern ein verrücktes Vorhaben. Der Bergler will ans Meer.

Unterwegs im Kurort Dubulti fotografieren wir den Bahnhof mit der tollen Sowjetarchitektur. Da nähert sich uns ein lustiger Mann, der immer wieder lacht und sich als Schweizer herausstellt, als Tessiner namens Donato, der sehr gut Französisch spricht. Er erzählt in geheimnisvollen Sätzen von seinem Leben zwischen der Schweiz und Lettland, dann verduftet er, blickt im Gehen kurz zu uns zurück und lacht.

Wir verduften auch, landen weiß ich wieviel weiter in einem Texmex-Restaurant und als wir nach dem Essen weiterfahren wollen, kommen der schöpferische Bernhard und Unicum Zwack an. Die sind jetzt natürlich auch hungrig, also gehen Mister Pete und ich mit ihnen zurück nach Texmex und essen ein Dessert. Die Kellnerin lacht, und ich sage ihr, dass wir ihr so Kundschaft bringen.

Wir rollen weiter bis Engure. Um achtzehn Uhr kommen

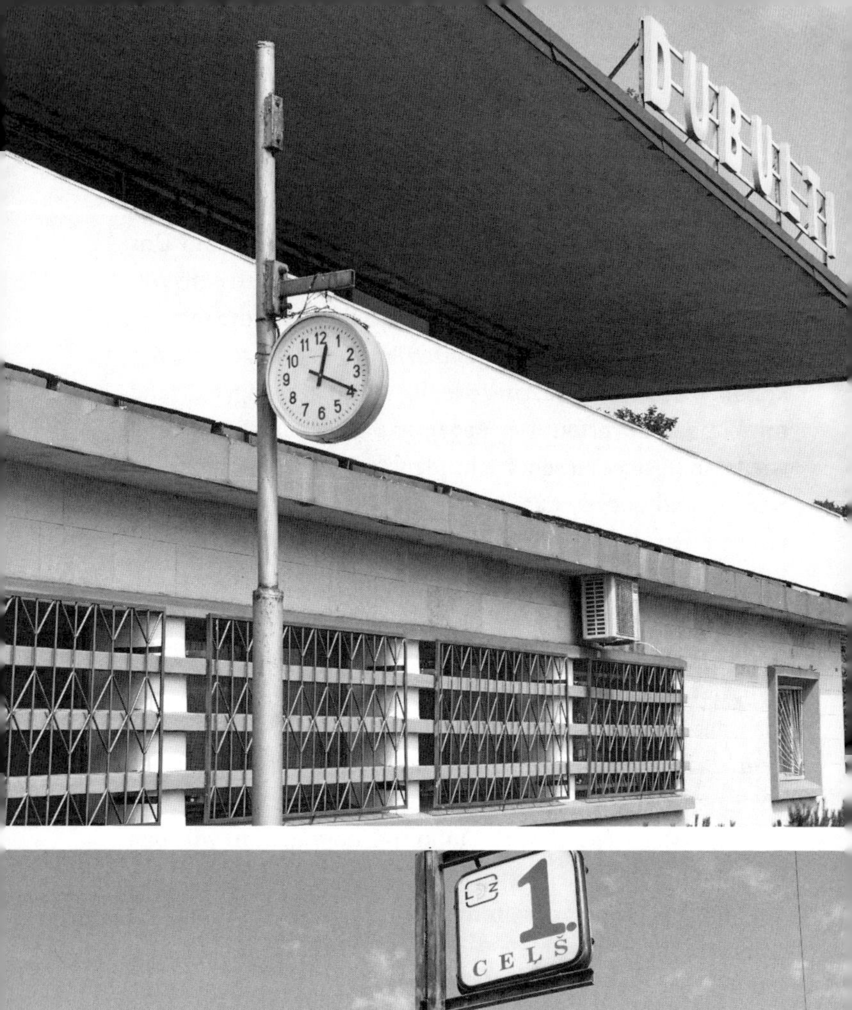

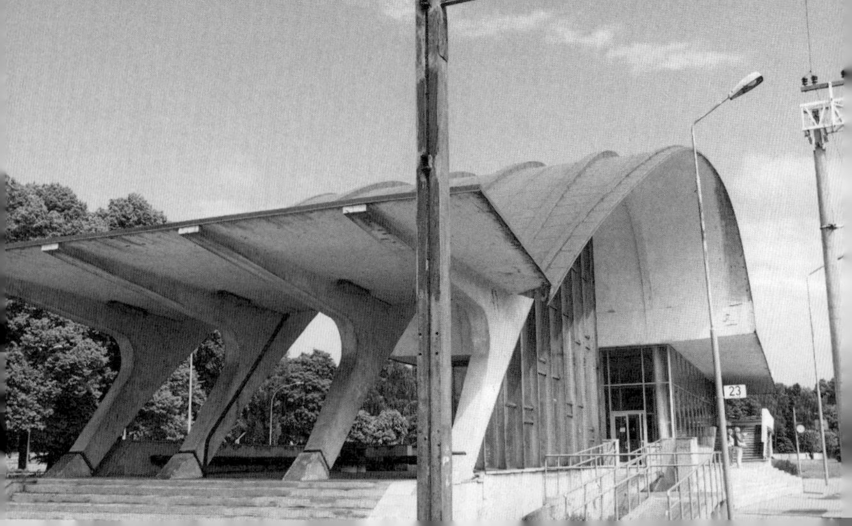
1.
CEĻŠ
23

wir an und finden das Guesthouse Erika. Essen und Wein sind gut. Mit Mister Pete schlafe ich im Ehebett. Auf solchen Reisen kommt es hie und da vor, dass sich zwei Männer im grand lit beschnarchen. Bonne nuit.

Tag siebenundvierzig **Engure – Ventspils**

Mister Pete und ich fahren gleich nach dem Frühstück los und da sehe ich, dass es schon Viertel vor zehn ist. Später holen Unicum Zwack und der schöpferische Bernhard uns ein. Die Etappe ist eintönig, die Straße über weite Strecken schlecht. Es ist harte Arbeit. Das Mittagessen gibt es in Kolka. Dann verlieren wir Mister Pete. Ich weiß auch nicht wie, er kommt eine halbe Stunde nach uns nach Ventspils. Ich merke, dass ich manchmal Mühe habe, mit den Rennradlern, dem schöpferischen Bernhard und Unicum Zwack, mitzuhalten. Die fahren sehr stark und ich versuche, in ihrem hoch geschätzten Windschatten zu bleiben. Seit sie dabei sind, fahre ich deutlich höhere Durchschnittsgeschwindigkeiten als sonst mit dem schweren Tourenvelo. Ich bin auf dem Hund und das ist kein Wunder. Der Schnitt steigt, die Notizen werden kürzer.

Tag achtundvierzig **Ventspils – Liepāja**

Im Restaurant waren wir schon gestern Abend die Lautesten, beim Frühstück sind wir es abermals. Die Velofahrer sind halt lustige Leute. Bevor wir losfahren, hat der Regen begonnen, unter dem Regen beginnen wir die Etappe. Heute Morgen sind auf der P 108 ein paar gefährliche Zeitgenossen in ihren

Autos unterwegs. Dann wird die nasse Straße auch noch schlecht. Die Fahrt ist unangenehm. Immer wieder muss ich die anderen ziehen lassen, weil sie auf der schitteren Straße rassiger fahren können als ich mit den Sacochen; als Einziger schleppe ich ja auch noch ein paar Kilo Campingausrüstung mit. Hie und da stelle ich mir vor, der fragile vordere Gepäckträger könnte bei all den Schlägen brechen und dann habe ich einen Angstschweiß-Ausbruch. Doch der Träger hält.

Im letzten Teil weichen wir aus auf die kleine Straße in Küstennähe, doch die ist eine Kiesstraße, etwa zehn Kilometer Schüttelpiste, zum Teil Modell Wellblech. Ein angekündigtes Gasthaus ist noch geschlossen. Es geht weiter auf Schotter. Dann endlich erreichen wir Liepāja. Auf Deutsch hieß der Ort Libau. Wieder einmal ist die Hotelsuche episch, wir fahren eine halbe Stunde im Regen auf bockigen Schottersteinen durch die Altstadt. Spätes Nachtessen, später Schlaf. Und die Herren kündigen an, sie wollten morgen spät frühstücken.

Tag neunundvierzig	**Liepāja – Klaipėda**

Unicum Zwack ist gestern auf der Schotterstraße so schnell geradelt, dass er den Hinterreifen zu Schanden gefahren hat. Er braucht einen neuen Mantel und fährt dafür zuerst in die Stadt. Mister Pete will unbedingt den verfallenen Jüdischen Friedhof besuchen, weil er findet, das gehöre sich einfach.

Es ist kühl, ich trage wieder das Wintertricot. Über lange Stücke ist die Straße wieder chrottenschlecht, die anderen ziehen mir davon. Dann gibt es Missverständnisse, jedenfalls fahre ich achtzig Kilometer im Gegenwind, meist allein. Keine Beiz ist offen bis zum Flughafen Klaipėda. Auf den Parkplätzen davor suche ich nach den Kameraden und finde sie nicht. Ich bin ein wenig verdrossen. Wenn man verdrossen ist, sollte man Riegel essen. Also esse ich einen Riegel und fahre durch. Dann sehe ich am Straßenrand Unicum Zwack, der soeben an seinem neuen Reifen einen Platten geflickt hat.

Ich fahre in seinem Windschatten, eine Weile lang, dann kann ich sein Hinterrad nicht halten, und Tschüss Unicum Zwack. Es kommt eine Mitteilung aufs Telefon, sie suchten weiß ich wo eine Kneipe, doch da bin ich schon an der lettisch-litauischen Grenze, und die Telegramm-Kneipe liegt hinter mir. Auch an dieser Grenze zerfallen die Zollhäuschen an die Freiheit.

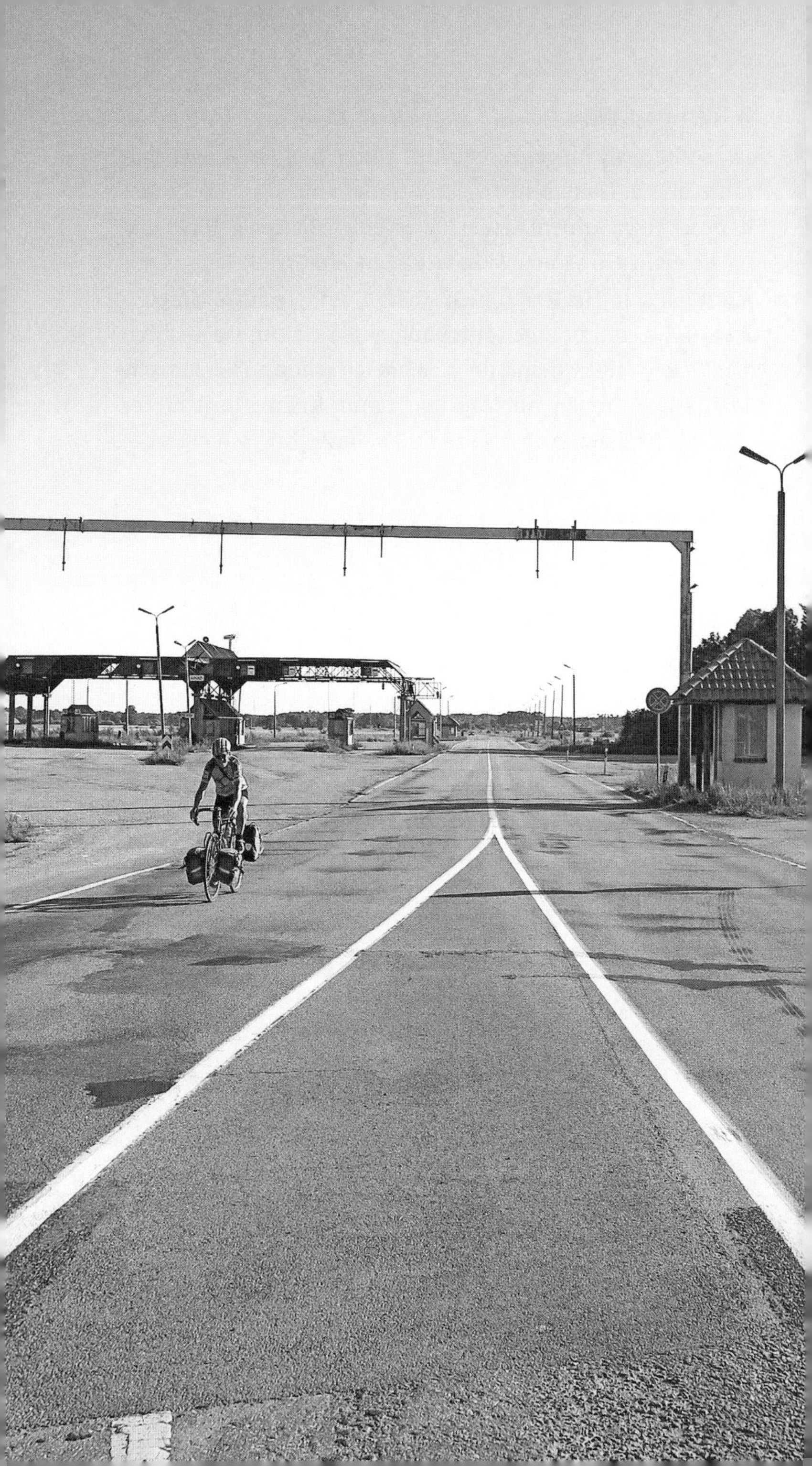

LITAUEN

Manchmal steigt man morgens aus dem Bett und denkt sich, dass man es nicht schaffen wird, aber innerlich lacht man darüber und erinnert sich an die vielen Male, die man das schon gedacht hat.

Charles Bukowski

Die Strecke scheint mir heute öde. In Lettland war die Straße nicht schlecht, in Litauen ist sie gut. Langsam habe ich den Eindruck, ich sei der Erste, der in Klaipėda ankommt. Und so ist es dann auch. Schon kommt durch den Äther die Anfrage, in welchem Hotel die Herrschaften absteigen dürften, und das nervt mich nun. Ich bin nicht ihr Laufbursche.

Ich gehe in eine Kneipe und frage, ob ich hier in Euro zahlen könne, und sie sagen, ich könne nicht. Ich frage mich durch zu einem Bankomaten und kaufe litauische Litas. Dann gibt es ein Bier; und es gibt ein zweites Bier. Ich habe die Nachricht, dass meine Kameraden abgefahren sind, vor einer Stunde erhalten. Übers Netz hat Unicum Zwack ein Hotel ge-

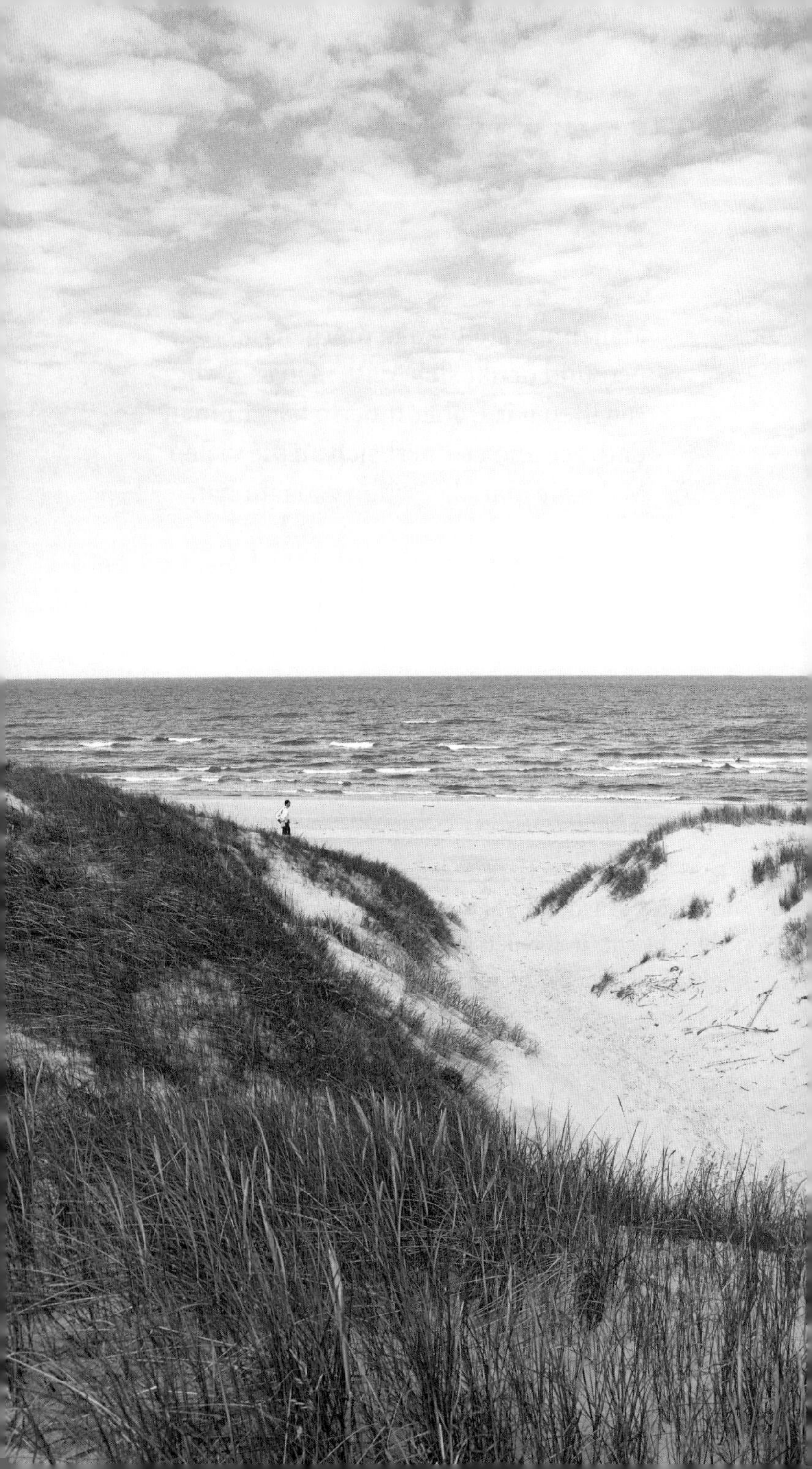

funden, das für uns noch Platz hat. Da bin ich Unicum Zwack sehr dankbar. 18 Uhr 15. Ich sitze in der Hotelhalle und warte.

Klaipėda ist sehr lebendig und ich bin sehr müde. Das Hotel ist eher schlicht, es gefällt mir, weil ich auch eher schlicht bin. Wir finden an der Restaurantgasse ein sehr gutes Restaurant und machen wieder ein Fest. Wir machen eigentlich aus jedem Tag ein Fest und jeden Abend feiern wir ein Fest.

Tag fünfzig	**Klaipėda – Zelenogradsk**

Mein fünfzigster Reisetag am 18. Juni ist ein Sommertag, und ich bin dankbar für die Sonne. Wir rollen zum Hafen und nehmen die Fähre hinüber, fast an die Nordspitze der Kurischen Nehrung. Gleich von Anfang an ist dort ein guter Radweg, den wir unter die Reifen nehmen. Rechts von uns erheben sich begraste Dünen, die sind sehr schön, und wenn man auf sie steigt, sieht man die Ostsee und hört sie endlich rauschen, wie ein richtiges Meer. Wenn man hinter den Dünen bleibt, sieht man nie weit, erblickt kaum je die See. Es wird zuerst schön warm, dann sehr warm.

Wieder zerfällt unsere Gruppe in zwei Teile, wieder sind Mister Pete und ich lange im Rückstand und kommen dann doch als Erste in Nida an. In Nida verbrachte Thomas Mann anscheinend seine Sommerfrischen und es gibt dort ein Thomas-Mann-Museum, das mich jetzt nicht unwiderstehlich anzieht. Nida soll das wichtigste Seebad auf der Kurischen Nehrung sein. In Russland heißt es Kurort, in Deutschland Seebad. Mister Pete und ich essen in einem etwas abgelegenen Restaurant am Hügel zu Mittag, später stoßen Unicum Zwack und der schöpferische Bernhard zu uns; wir haben das Seebad umfahren, die beiden sind durch das Zentrum von Nida hier heraufgekommen.

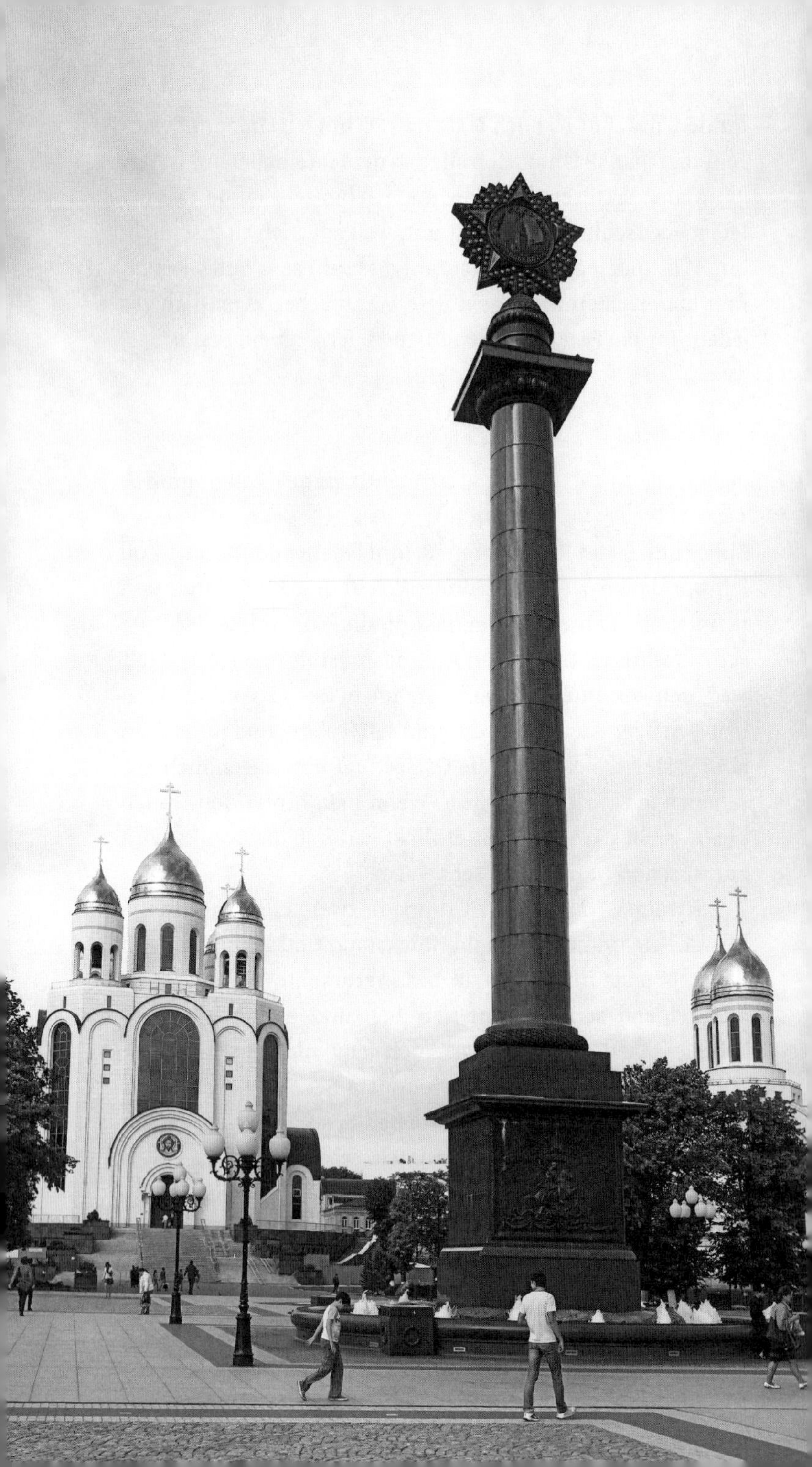

RUSSLAND 2

Der Körper benimmt sich über alles
Erwarten zweckmäßig.

Hans Graf von Lehndorff

Weil ich an der russischen Grenze lange Formalitäten befürchte, dränge ich zur Weiterfahrt. Jetzt ist es intensiver Sommer und meine russischen Grenz-Befürchtungen erweisen sich abermals als unbegründet. Schwupps, und schon sind wir wieder in Russland. Die Straße ist gut, der Verkehr mäßig.

Im Kurort Morskoe haben wir Lust auf Bier, finden am Meer eine Kneipe mit großer Terrasse. Davor ist die Ostsee im kräftigen Wind ziemlich bewegt, sie ist hell, weit und stark. Auf dem Sandstrand bewegen sich Menschen, doch keiner geht ins Wasser.

Wir fahren weiter nach Zelenogradsk, das einmal Cranz hieß und ein prächtiges Seebad war. Auch hier ist die See stark anwesend, doch des Seebads Pracht ist verblasst, zwischen neureichem Protz und viel Kaputtem gibt es hier nicht viel. Das ist uns egal, weil wir alle Vier müde sind, letzte Nacht zu wenig geschlafen haben.

Ich habe heute, am fünfzigsten Tag auf dieser Reise, den fünftausendsten Kilometer geschafft und zahle eine Flasche Wein. Beim Weintrinken stelle ich Rechnungen an. Wenn mein Plan aufgeht, dauert die ganze Velotour 61 Tage. 51 Tage bin ich auf dem Velo, 10 Tage mache ich Pause und am Schluss werde ich voraussichtlich rund 6000 Kilometer hinter mir haben, das macht 118 Kilometer am Tag.

Wir beschließen, morgen nach Kaliningrad, dem ehemaligen Königsberg, zu fahren und einen halben Ruhetag zu machen. Was ist das denn, ein halber Ruhetag? Das werden wir sehen.

Tag einundfünfzig — **Zelenogradsk – Kaliningrad**

Am sonnigen Morgen gehen Mister Pete und ich ins Meer schwimmen. Am Anfang muss ich mich etwas überwinden, dann, als ich im Wasser schwimme, glaube ich neu auf die Welt zu kommen. Zum Glück gibt es erst ab neun Uhr Frühstück, das hat uns eine lange Nacht geschenkt. Dann ist der Himmel weiß, es ist wieder kühl. Die Straße mündet bald auf eine Autobahn, die aber nicht als solche bezeichnet ist. Wieder fliegen Unicum Zwack und der schöpferische Bernhard voraus, kurz vor Kaliningrad sind Mister Pete und ich wieder vor ihnen.

Herr Michail Iwanowitsch Kalinin, nach dem die Stadt benannt ist, war nicht nur bis nach dem Zweiten Weltkrieg Staatschef der UdSSR, sondern in Stalins Diensten einer der größten Schlächter, der auch das Massaker an über viertausend polnischen Offizieren und Intellektuellen in Katyn anordnete. Vor sechzehn Tagen waren wir in St. Petersburg, wo die Wehrmacht eine Stadt aushungerte, heute sind wir in Königsberg, der einst prächtigen Hauptstadt Ostpreußens, die im April 1945 nach schweren Kämpfen von der Roten Armee eingenommen und im folgenden Jahr in Kaliningrad umgetauft wurde. Es kommt einem vor, als wäre das brutale Vorrücken der Sowjets in Königsberg wie eine Rache an den Deutschen für die in St. Petersburg erlittene Schmach.

Um die Mittagszeit erreichen wir das Hotel Radisson in Kaliningrad. Dort hat der schöpferische Bernhard gestern mit seinem Handy die Zimmer reserviert, und das ist willkommen. Ich selber habe nur ein ganz einfaches Handy für Telegramme und Notfälle. Meine Reisebegleiter benutzen Smartphones, mit denen sie im Voraus günstige Hotelangebote buchen können. Ich profitiere von ihrem technischen Vorsprung auf mich. Eine so luxuriöse Herberge wie in Königsberg hatte ich noch nie, und sie ist nicht einmal sehr teuer. Gemeinsam essen wir zu Mittag, wie Unicum Zwack gehe auch ich zum Coiffeur. Ratzibutz. Ich bin müde, habe keine Lust aufs Tourismuswandern.

Dennoch spaziere ich später in die Markthallen, die mich auch hier begeistern. Dort finde ich eine mausgraue Mütze, ich glaube, es ist eine Filzmütze, die Panzersoldaten im Winter unter dem Helm tragen. Vorne drauf prangt der große rote Stern der Roten Armee. Dazu kaufe ich einen Bernstein-Schlüsselanhänger.

Ich entdecke auf dem Stadtplan, dass es ein Wladimir-Visotzky-Denkmal gibt und gehe hin. Ich sehe, wie er in Bronze gegossen dasitzt, seine Gitarre auf das rechte Knie stützt. Ich mag Visotzkys traurige Lieder, auch wenn ich kaum ein Wort verstehe.

In Kaliningrad gibt es eine Menge zu sehen, doch ich bin zu müde für ein kulturelles Programm. Am Markt habe ich neben der Panzermütze aus Filz immerhin einen Bleistiftspitzer gekauft. Das ist heute meine einzige kulturelle Tat. Und das Leben in Nichtigkeiten geht weiter.

17 Uhr 50. Um halb sieben treffen wir uns zum Apéritif. So geschieht es, und danach essen wir in einem tollen Bier-Restaurant ein tolles Essen.

Tag zweiundfünfzig **Kaliningrad – Gdańsk**

Ohne Wecker erwache ich kurz vor sieben Uhr und spüre sogleich, dass ich nur sechs Stunden geschlafen habe. Unser Gelage spüre ich auch, denn der schöpferische Bernhard und ich sind noch einmal in der Nachtessenkneipe eingekehrt und haben dort noch ein Weißbier getrunken.

Der Himmel ist kompakt weiß. Die Zeit ist etwas knapp, denn wir haben vereinbart, dass wir um Viertel nach acht losfahren wollen. Um 8 Uhr 14 stehe ich vor dem Hotel. Es regnet jetzt kräftig, wir holen das Regenzeug heraus. Der Verkehr meint es nicht so, aber er wirkt mörderisch. Die Straße ist schlecht, hat viel Kopfsteinpflaster und gefährliche Tramschienen, ist ein Knüppeldamm. Dazu kommt eine kleine Irrfahrt, die wir wirklich nicht bräuchten. Bei starkem Regen kommen wir an eine Brücke mit Kopfsteinpflaster. Am Rand ist eine Leitplanke, dahinter ein schmales Trottoir mit brüchigem Asphalt. Vorne bleibt der schöpferische Bernhard auf der Straße, Mister Pete und Unicum Zwack folgen mir auf dem löchrigen Trottoir. Auf diesem Trottoir erstrecken sich lange Pfützen, denn Russland ohne Abwasseranlagen ist ein Pfützenland. Was habe ich Pfützen gesehen in Russland, Hunderte, Tausende! Das lange Pfützenwasser hier ist reichlich, es ist tief und trübe. Kaliningrad bei diesem Regen, zur Stoßzeit am Morgen auf dem Velo, hat etwas vom Weltuntergang. Die Welt geht in Königsberg unter, bei Regen.

Man weiß nicht, was sich unter dem trüben Pfützenwasser alles verbirgt. Wie gesagt: Der schöpferische Bernhard ist vorne auf der Straße, Unicum Zwack und Mister Pete folgen mir auf das Trottoir, das höllische. In einer Pfütze sinkt mein Vorderrad in ein tiefes Loch und ist blockiert, ich kippe nach links, beide Vordertaschen und ich nehmen ein Bad.

Mein Knie ist aufgeschürft, der linke Ellbogen schmerzt. Mister Pete und Unicum Zwack helfen mir beim Aufstehen, wir fahren weiter. Der Regen und der Verkehr sind unerbittlich, ich bin nach dem Sturz ziemlich eingeschüchtert, blicke ängstlich auf die nächsten langen und trüben Pfützen. Dann endlich wird der Betrieb ruhiger, wir kommen aufs Land, fahren über Hügel, und diese Straße mit den Ahornen links und rechts erinnert mich schon an die polnischen Landstraßen. Ich bin heute der schwächste Fahrer, immer wieder faule ich ab und lasse sie ziehen. Immer wieder gibt es kräftige Regengüsse, zum Schutz vor ihnen stehen Mister Pete und ich einmal unter einen mächtigen Ahorn. Ich sollte hofieren und bringe den Mut nicht auf, das Bedürfnis im Regen zu erfüllen.

In Mamonovo, kurz vor der Grenze zu Polen, finden wir ein Café, im Laden daneben kauft der Bernhard, weil er eben schöpferisch ist, sehr gute Confiserie, die wir zum Kaffee genießen.

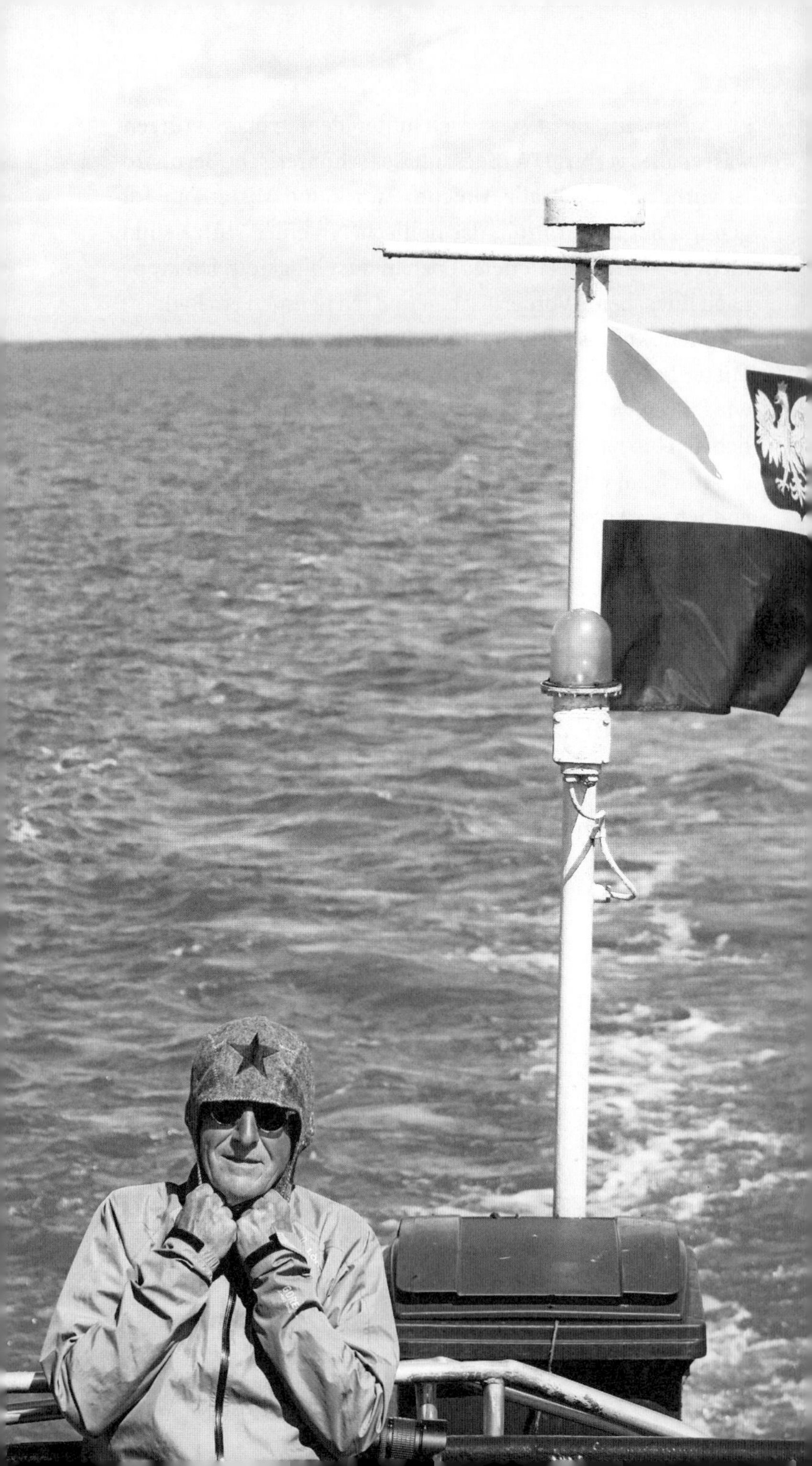

POLEN

Bier ist die einzige Nahrung, mit der man überleben könnte, ohne etwas anderes zu konsumieren. Es enthält alles, was der Mensch braucht.

Karl Locher

An einer langen Kolonne vorbei rollen wir zur Grenze und bekommen den Ausreisestempel. Dahinter überholen wir eine weitere lange Autoschlange und kommen in die Europäische Union, nach Gronovo, nach Polen. Viele Störche klappern in hohen Nestern auf Strommasten.

Auf sehr guter Straße und von Kuppe zu Kuppe erreichen wir Frombork am Frischen Haff. Von hier hinüber nach Krynica Morska auf der Frischen Nehrung soll eine Fähre verkehren. Wir haben über sie wenige und widersprüchliche Informationen. Mister Pete geht ins Verkehrsbüro und lässt sich sagen, dass die nächste um 14 Uhr 40 ausläuft. Das ist sehr gut so, denn es ist dreizehn Uhr und wir haben Zeit, eine gute Pizza zu essen. Plötzlich herrscht wieder eine Sommerhitze.

Wir radeln hinunter an den Hafen, steigen auf die Fähre, die bis auf den letzten Platz besetzt ist. Das ist eine Personenfähre, die keine Autos, wohl aber Velos aufnimmt. Die Überfahrt dauert anderthalb Stunden, der Wind ist stark und fühlt sich kühl an. Er ist so kühl, dass ich die graue Panzermütze mit dem Stern der Roten Armee aufsetze und auf dem Schiff einiges Lachen auslöse. Wir kommen an in Krynica Morska und fahren gleich weiter, um die Pizza von vorhin zu verheizen. Schon ist sie verheizt.

Die Straße ist gut und schön, sie führt durch den Wald und über Felder; das Meer ist im Moment nicht zu sehen. In Mikoszewo kommen wir an den Fluss Wisła, die Weichsel. Dort nehmen wie eine weitere Fähre. Für die Menschen scheint sie gratis zu sein, der Transport eines Fahrrads, eines Rovers, kostet 5 Złotych. Es folgt das letzte Stück auf der Straße hinein nach Danzig.

Wir kommen an eine Umleitung. Auf einem Schild steht angekündigt, dass die Straße nach einem Kilometer wegen Bauarbeiten unterbrochen sei. Wir beschließen, weiterzufahren und den Versuch zu wagen. Wenn er gelingt, mache ich so etwas zum dritten, Pete zum zweiten, der schöpferische Bernhard und Unicum Zwack zum ersten Mal. Doch da fährt uns ein Auto nach, der Fahrer öffnet das Fenster und rät uns ab, diesen Versuch zu unternehmen. Wir bedanken uns bei ihm für seine Sorge und lassen ihn zurückfahren. Dann setzen wir den Versuch fort. Wir kommen an eine Baustelle, wiederum eine Brücke, die sie am Ersetzen sind. Wir steigen von den Velos, schieben sie in zwei Minuten über die Wiese daneben um die Baustelle herum und fahren weiter. Die Straße gehört uns.

Der schöpferische Bernhard führt mit seinem GPS sehr gut durch die riesige Stadt Gdańsk, Danzig. Unser Hotel liegt außerhalb und auf der anderen Seite. Es ist trotz seiner fünf Sterne preisgünstig, kostet pro Nacht etwa hundert Franken und ist wirklich ein Palace.

UWAGA!
GŁĘBOKIE
WYKOPY

Im Hotel kommen wir erst um halb neun Uhr an und führen wieder ein Gelage auf, mit dem tollsten Wein bisher, einem Chablis der Sonderklasse. Zack ins Bett. Ich teile das Zimmer mit Unicum Zwack. In Zukunft sollte ich immer auch die Zimmernummer notieren. Ich weiß nicht warum, doch seit Jahren sage ich mir, ich sollte immer die Nummern der Hotelzimmer notieren, und immer wieder vergesse ich es.

Tag dreiundfünfzig	**Ruhetag in Gdańsk**

Mit Unicum Zwack und Mister Pete fahre ich in die Innenstadt. Wir bringen Mister Pete zum Bahnhof, wo er in den Zug zurück in die Schweiz steigt. Unicum Zwack und ich gehen dann in der Danziger Altstadt herum. Mehrmals regnet es. Wir sind ein wenig schusselig, und ich habe keine Energie für Kultur. Um halb sieben radeln wir zurück ins Hotel, was eine ziemliche Reise ist. Wieder essen wir wie die Könige. Gute Nacht König.

Tag vierundfünfzig	**Gdańsk – Ustka**

Das Frühstück in unserem königlichen Hotel ist eine ziemlich aufwendige Sache, die sich lohnt, doch man muss viel herumlaufen, hin und her zwischen Tisch und Buffet, und das fördert den Appetit.

Pünktlich zu unserem Aufbruch setzt Regen ein, er bleibt den ganzen Morgen ein treuer Begleiter, immer wieder. Auf stark befahrener Straße geht es nach Wejherowo, wo wir eine Abkürzung zur Küste finden. Mehrmals kommen wir in starke Regengüsse, doch am Nachmittag wird es sonnig, und wir kommen auf die schönen polnischen Landstraßen. Der Gegenwind lässt nicht nach. In einer Taverne ist der Service so lausig, dass wir es bei einem Bier belassen und fürs Nachtessen die Beiz wechseln. Ich bin heute nicht nur generalmüde, sondern urmüde. Weil das Ende der Reise in Sicht ist, lässt der Widerstand gegen die Müdigkeit nach. Der schöpferische Bernhard braucht heute unbedingt ein Einzelzimmer, also soll er es haben.

Ustka hat einen regen Tourismus und viele deutsche Gäste. Die Preise sind moderat.

Tag fünfundfünfzig **Ustka – Kołobrzeg**

Schwer hängen die Wolken. Wir denken, es werde gleich regnen, doch es bleibt trocken, den ganzen Tag. Von Anfang an sind der Seiten- und Gegenwind sehr stark, und das bleibt so für die ganze Etappe.

Ich habe nicht viel Kraft, Unicum Zwack und der schöpferische Bernhard arbeiten viel für mich, doch wenn die Straße schlecht wird, kann ich nicht in ihrem Windschatten bleiben, und die Straße ist oft schlecht. Also lasse ich sie ziehen, das haben wir vorher so abgesprochen. Auf einem Rumpelstück verliere ich sie vollends. Gegen Mittag erreiche ich allein Darłowo und suche nach ihren Velos, erblicke sie aber nirgends. Also fahre ich weiter. Dann hole ich das Handy hervor. Der schöpferische Bernhard schreibt, sie säßen jetzt in Darłowo in einem Café. Sie sind schneller als ich, doch jetzt sind sie hinter mir, schon wieder passiert das. Was nützt ihre Geschwindigkeit? Ich antworte, wo ich bin, und dass sie essen sollen. Etwas weiter finde ich eine Kneipe und esse sehr gute Teigtaschen.

Ich komme durch mehrere Dörfer mit lustigem Rummel-

Tourismus. In Sucha Koszalin, vor Koszalin, biege ich wie geplant rechts ab nach Łazy. Der Wind ist jetzt zum Verrücktwerden, und er lässt die Landschaft noch unendlicher erscheinen. Jetzt habe ich den Eindruck, es gebe gar keinen Horizont, auf den ich zufahren könnte. Unicum Zwack und der schöpferische Bernhard sind wiederum schneller als ich, fahren aber einen Umweg und kommen erst in Mielno wieder auf die Route. Zuerst aber essen auch sie jetzt eine Pizza, und ich dachte, sie hätten schon zuvor gegessen. Dieser Ablauf ist zeitlich sehr unökonomisch, doch es ist egal. Wir fahren gemeinsam weiter, immer gegen den Wind, das letzte Stück auf der stark befahrenen Hauptstraße 11, die einen guten Belag hat.

Dank dem GPS des schöpferischen Bernhard finden wir in Kołobrzeg ein Hotel und sitzen schon an der Bar. Es ist halb sieben, wir sind noch nicht geduscht. Wir fragen nach dem Restaurant, und man sagt uns, das schließe um halb acht Uhr. Man passt sich hier offenbar, so denken wir, der deutschen Clientèle an, die gerne ein frühes Abendbrot einnimmt und sich dann vor die Glotze setzt. Das Stadtzentrum aber ist weit weg. Ich hatte einen komischen Magen und habe einen Schnaps getrunken. Dann leiste ich den Biertrinkern Gesellschaft, mit Bier. Wir beschließen, auf das Nachtessen zu verzichten. Ich gehe ins Zimmer und sinke gleich ins Nirwana.

Tag sechsundfünfzig	**Kołobrzeg – Świnoujście**

Beim Frühstück begreifen wir, warum gestern Abend das Restaurant so früh geschlossen hat. Die Clientèle des Hauses besteht aus Menschen, die krank, gebrechlich, übergewichtig oder behindert sind. Jetzt verstehe ich auch, warum in den Korridoren so viele Servicewagen stehen, wie ich sie aus

Spitälern kenne. Dieselbe Clientèle ist jetzt mit uns am Frühstücken.

Meine beiden Kameraden haben gestern Abend noch ein paar weitere Biere getrunken und sind heute weniger in Form als ich, der direkt aus dem erholsamen Nirwana gekommen ist. Nach dem Frühstück wollen sie beide noch einmal aufs Zimmer. Ich zische ab, sie werden mich einholen. Es ist ein heller, warmer Sonnentag. Der freut mich sehr.

Die anderen sehe ich vorerst nicht. Ich fahre auf der Straße 102 und mache mit dem Stativ ein paar Straßenfotos, denn die polnische Landstraße muss ich unbedingt im Bild haben. Simsel hin und Simsel her: Ich treffe den schöpferischen Bernhard und Unicum Zwack in Dziwnów. Dort essen wir Piroggen, und die schmecken sehr gut.

Jetzt fahren wir gemeinsam weiter durch unendliche duftende Wälder. Ich genieße die Fahrt. Wir bleiben auf der Straße 102 und erreichen die Insel Wolin, die wir durchqueren bis in den östlichen Teil der Stadt Świnoujście. Auf der Fähre überqueren wir die Swine, und mit der Hilfe von GPS-Bernhard finden wir abermals unser Hotel, den Ableger einer schicken Kette. Um halb fünf sind wir dort. Halb fünf, das ist eine gute Ankunftszeit. Die schicke Kette heißt übrigens Hilton. Ich bin glaub ich zum ersten Mal in einem Hotel Hilton.

Tag siebenundfünfzig **Świnoujście – Stralsund**

Ich bin wieder einmal früher dran als meine beiden Kameraden. Ich meche am Velo herum. Erst gestern habe ich gemerkt, dass sich der linke Bremsgriff beim Sturz in Kaliningrad etwas nach innen verschoben hat, und ich korrigiere das. Dann stelle ich die Bremsen nach, öle die Kette, putze das Velo.

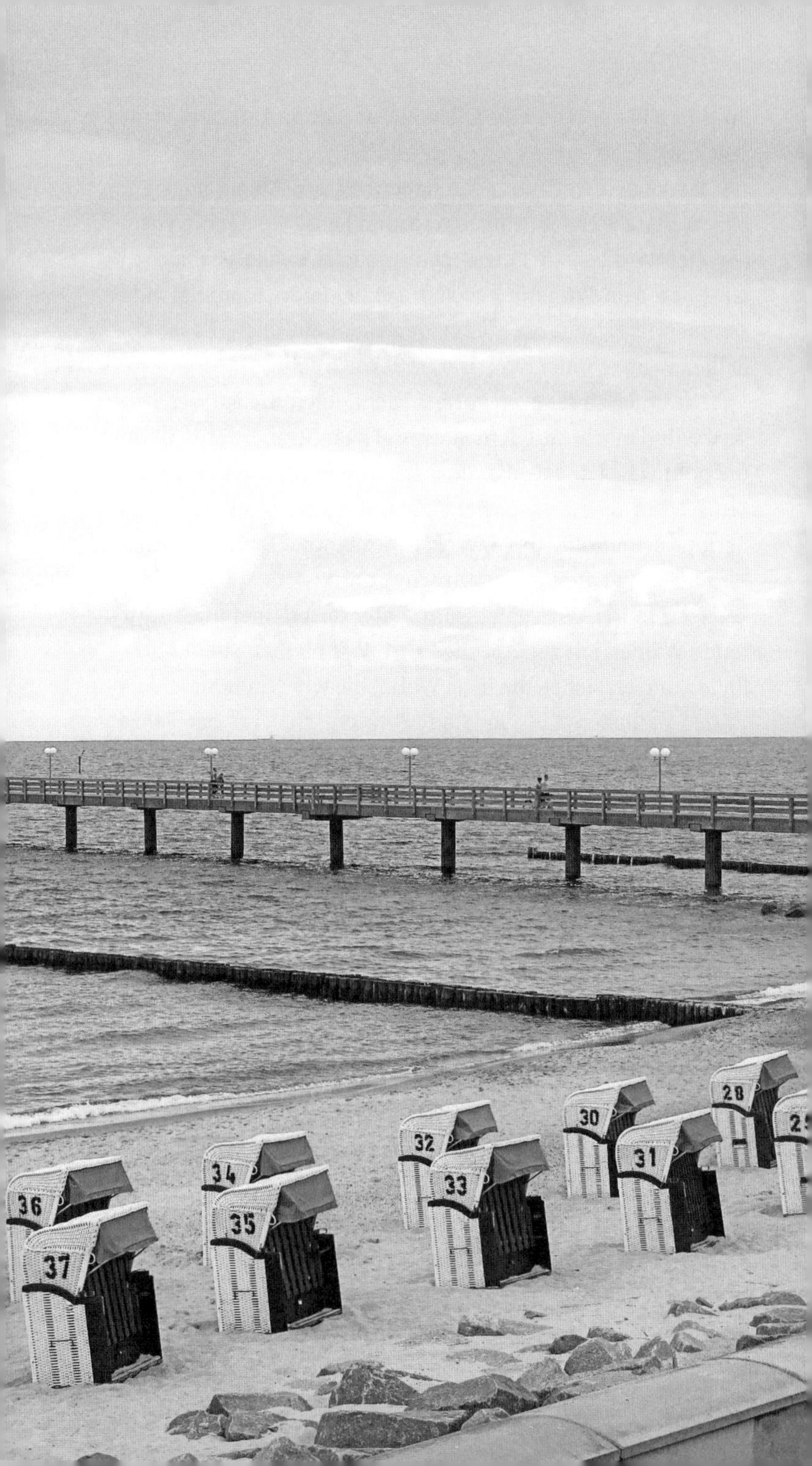

36
37
34
35
32
33
30
31
28

DEUTSCHLAND 2

Antworten sind oft das Ende einer Reise. Manchmal macht eine Antwort die schönste Fragereise kaputt. Fragen brauchen nicht immer eine Antwort.

Lorenz Pauli

Nach zwei Kilometern fahren wir über die Grenze nach Deutschland und gelangen dann auf die Bundesstraße 109. Parallel zu ihr gibt es eine Velopiste, die teilweise so schlecht ist, dass wir auf die Straße zurückkehren. Manche Autofahrer hupen aus Protest. Wir sind zurück in der motorisierten Barbarei Deutschlands, welche die Auto- und Velofahrer-Apartheid perfektioniert. Wir sind spät gestartet, um die Mittagszeit sind wir erst in Wolgast. Die Piste führt an einen kleinen, schönen Strandplatz mit Café. Ich habe Lust auf ein Bad im Meer, denn es ist Sommer, Sommer, Sommer. Unicum Zwack und der schöpferische Bernhard mögen nicht schwimmen, sie trinken stattdessen einen Cappuccino, und das um die Mittagszeit.

Im Gebüsch wechsle ich die Kleider, schon bin ich im Wasser, schwimme. Ich bin der Einzige im Wasser, die Übrigen verschanzen sich vor dem Wind in ihren Strandkörben. Ich kehre zurück zu den Kameraden. Bei der Café-Frau bestelle ich ein Matjes-Brot und ein Bier.

Wir fahren weiter bis Greifswald. Über die verrückte, kombinierte Straßen- und Eisenbahn-Klappbrücke über den Peenestrom verlassen wir die Insel Usedom, dahinter finden wir eine weitere Kneipe, denn nun wollen auch die Nichtschwimmer-Kameraden essen. Und ich auch schon wieder, abermals einen Hering.

Zur Fortsetzung biegen wir wieder auf eine Bundesstraße ein. Der Verkehr ist intensiv, die Straße für Velofahrer verboten. Die Schilder der Verkehrsplaner schicken uns auf eine abscheuliche Rumpelpiste, hinter ihr dürfen wir wieder auf die Bundesstraße. Wir haben sechzig Kilometer vor uns, mit gutem Seitenwind von schräg hinten. Parallel zur Bundesstraße verläuft die alte Straße mit Kopfsteinpflaster. Ich probiere sie aus. Zwei Tourenradler sagen mir, diese Straße stehe unter Denkmalschutz. Sie ist in der Tat wunderbar, zum Teil gilt auf ihr ein vollkommenes Fahrverbot für Motoren.

An einem Rotlicht bleibe ich hängen, die Kameraden ziehen davon, ich glaube auf der Denkmalstraße. Ich erwische drei Abschnitte, auf denen sie asphaltiert ist, kehre immer wieder zurück auf die Bundesstraße.

Meine Foto-Arbeit kommt zu kurz, meine Fotomodelle flattern weit voraus.

Am Stadtrand von Stralsund ist die Störtebeker-Brauerei. Wir schlagen zu. Dann fahren wir ins Hotel Post, das der schöpferische Bernhard mithilfe des GPS auf Anhieb findet.

Der Wirt empfängt uns überschwänglich und bekennt sich zu fleißigem Radeln. Das Hotel Post hat auch ein Restaurant; und da fragt der schöpferische Bernhard doch tatsächlich den Wirt, was er uns denn so für ein Restaurant empfehlen würde. Der erstaunte Wirt bleibt trotz dieser Frechheit höflich. Danach frage ich den schöpferischen Bernhard, was ihm denn eigentlich einfalle, und das tut mir nachher sehr leid. Immer wieder bricht bei mir der Oberlehrer durch. Auch da sollte ich mich bessern. Statt Oberlehrer wäre ich besser Unterlehrer oder gar nicht Lehrer. Ich hasse Lehrer und bin selber einer gewesen. Manchmal nervt mich der schöpferische Bernhard, weil er so viel Nutella und Ketchup isst, immer mit vollem Mund redet und in der Kaffeetasse ohne Unterteller den Löffel stehen lässt, sogar aus der Tasse mit Löffel trinkt.

Wir gehen in die Hotelbar im Untergeschoss, die auch ein Fumoir ist. Ich habe gesehen, dass sie für Zigarren Werbung machen. Ich möchte gerne eine Zigarre kaufen, doch da sagen sie, sie hätten die Zigarren im angebrochenen Zeitalter der Saubermenschen so schlecht verkauft, dass sie mit diesem Geschäft aufgehört hätten. Also gibt es keine Zigarre, dafür noch ein Bier.

Überall, auch an Velos und Auto, flattern heute deutsche Fahnen, weil alle schon dem morgigen Weltmeisterschaftsspiel USA–Deutschland entgegenfiebern; Fußball natürlich.

Wir haben in der Post drei Einzelzimmer. Die letzten Nächte hatte immer nur der schöpferische Bernhard ein Einzelzimmer, Unicum Zwack und ich teilten uns immer einen Raum.

Tag achtundfünfzig   **Ruhetag in Stralsund**

Ich schlafe bis um neun Uhr. Nach dem Frühstück schwärmt der schöpferische Bernhard davon, wie er heute am Strand sonnenbaden wolle. Ich ginge gerne mit ihm schwimmen, doch da mag er sich nicht festlegen. Manchmal finde ich den

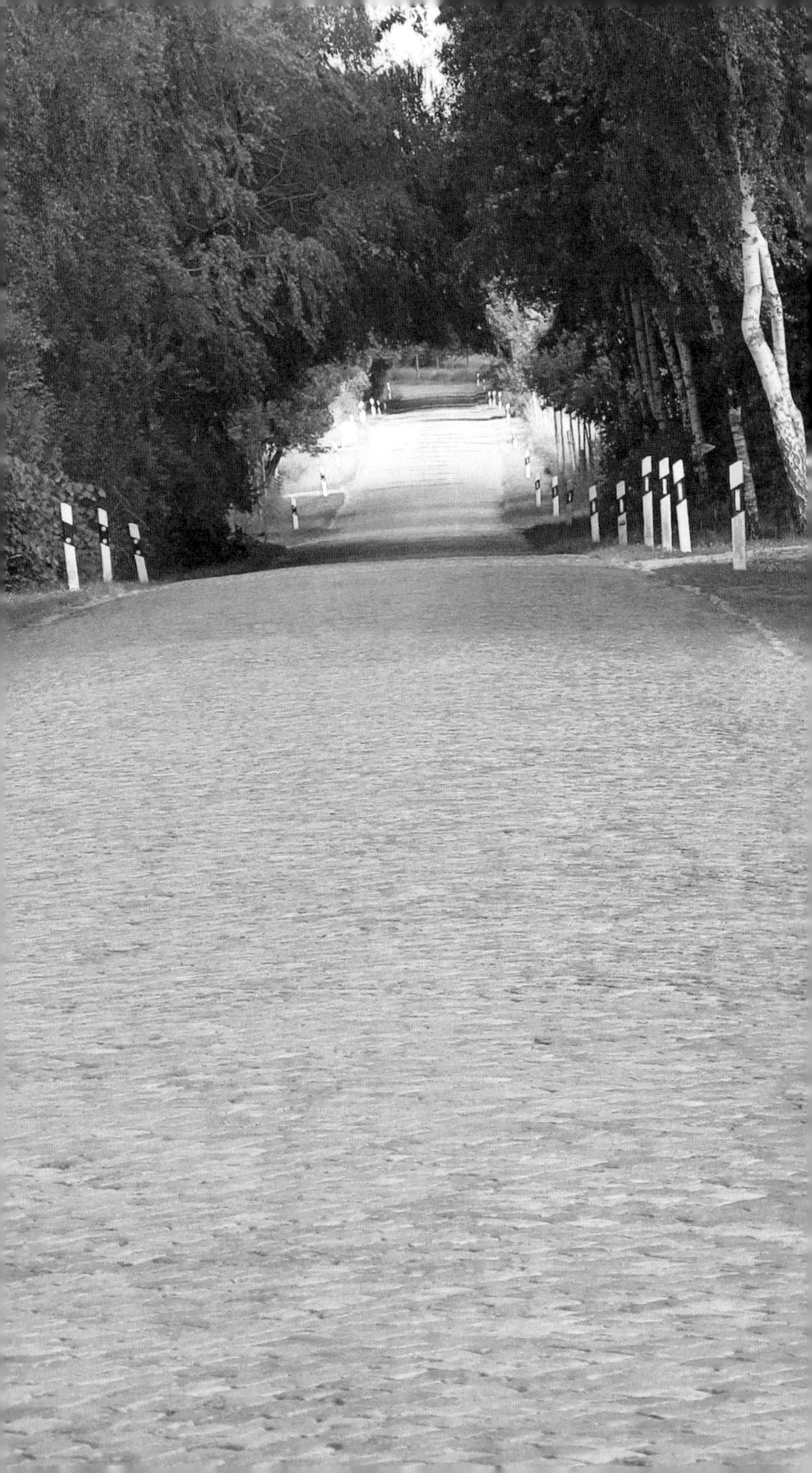

schöpferischen Bernhard ein wenig bünzlig, doch das ist ja egal, wie ich ihn finde. Ich mag ihn auch, wegen seines Schmähs. Doch vielleicht kann er gar nicht schwimmen und will das nicht sagen.

Ich spaziere in die Stadt, kaufe dort eine Zigarre und eine kurze Hose, weil mir die kurze Hose, die ich mitgenommen habe, zu weit und von zu trauriger dunkelgrüner Farbe ist. Die neue Hose aber, die ist honiggelb. Ich probiere sie in der Kabine, sie passt, und ich behalte sie gleich an. Ich erreiche die Uferpromenade, die zuerst mit einer Mauer zum Wasser hin befestigt ist. Weiter westlich ist ein freier Sandstrand, dort liegen schöne, vom Sand polierte Holzstücke, auch Steine und Muscheln, die ich zusammenlese. Dann bin ich zufrieden.

Am Strand sind kaum Menschen, dabei ist heute wirklich ein warmer Sommertag. Ich stürze mich ins Wasser und genieße es, dass ich schwimmen gelernt habe. Dann erst, beim Weggehen, sehe ich die Tafel, auf der eine Wassertemperatur von achtzehn Grad mitgeteilt wird. Diese Mitteilung hält die Menschen vom Baden ab. Wenn die blöde Temperaturtafel nicht wäre, gingen mehr Menschen schwimmen.

Ich spaziere zurück in die Stadt, esse unterwegs in einer Schiffskneipe am Pier geräucherten Rollmops mit Kartoffelsalat, für mich in dieser Kombination eine Première.

Zurück im Hotel, wasche ich die Bade- und Unterhose und die gute alte Flatterhose, spaziere dann zum Bahnhof und kaufe das Billet Lübeck–Basel für die Heimfahrt am Sonntag.

Jetzt prescht ein Gewitter auf die Stadt. 17 Uhr 37. Ich sitze in einer Kneipe, wo alle schon beim Nachtessen beziehungsweise Abendbrot sind. Um achtzehn Uhr soll das Hammer-Fußballspiel USA–Deutschland stattfinden, und jetzt essen die schon.

Um halb sieben haben wir abgemacht an der Réception, doch der schöpferische Bernhard taucht nicht auf. Unicum

Zwack und ich gehen hinunter zum Hafen und essen dort sehr guten Fisch. Ich habe Bernhard ein Handy-Telegramm geschickt, doch er antwortet nicht. Erst in der Hotelbar Hemingway stößt er zu uns. Wir haben schon gegessen, und das Fußballspiel ist längst vorbei. Der schöpferische Bernhard hat das Nachtessen verschlafen. Wir lachen. Ist auch er urmüde? Ich rauche eine schöne Montecristo, die ich mitgebracht habe. Ich bin stolz auf die neue Hose.

Wir reden mit dem Wirt, der sich bei unserem Empfang zum Radfahren bekannt hat und Walter heißt. Wie unter Radfahrern üblich, machen wir gleich Duzis. Walter bestellt für uns einen Teller mit beleidigten Brötchen. Unicum Zwack und ich kommen gerade vom Nachtessen, doch der schöpferische Bernhard kommt gerade aus dem Bett und isst die Brötchen alle auf. Ich lade Walter dazu ein, morgen mit uns zu fahren.

Deutschland hat das Fußballspiel gegen die USA mit 1:0 gewonnen.

Tag neunundfünfzig **Stralsund – Kühlungsborn**

Es ist ein schöner, warmer Sommertag. Um halb neun, wie abgemacht, fahren wir los. Der Wirt Walter ist dabei, und er kennt die Gegend gut. Er zeigt uns eine sehr schöne Route in Küstennähe und erweist sich als starker Fahrer.

In Wustrow finden wir eine Kneipe namens Haui's Fisch. Die Heringbrote sind sehr gut. Die rothaarige Wirtin findet uns so toll, dass sie uns eine Runde eiskalten Korn spendiert und jedem einen Kugelschreiber schenkt, auf dem Haui's Fisch geschrieben steht.

In Rostock, wohin wir mit der Fähre gelangen, ist ein wahnsinniger Touristenrummel, den ich auch dieser Stadt gönnen mag. Bei Graal-Müritz gehen wir an einem Nudistenstrand im Meer schwimmen; so müssen wir nicht im Gepäck nach der Badehose wühlen. Sogar der schöpferische Bernhard und Unicum Zwack schwimmen. Der schöpferische Bernhard widerlegt meine Vermutung, er könne nicht schwimmen, er kann es nämlich. Außerdem finde ich, dass ein Nudistenstrand mit all den übergewichtigen Menschen etwas vom Unerotischsten ist, das man sich denken kann; denn was uns reizt, das lieben wir erst einmal verdeckt, und dann sehen wir weiter.

Wir sind zum Teil auf dem ruppigen Ostsee-Radweg unterwegs. Der Wirt Walter nennt das einen Knüppeldamm, ein Wort, das ich gerne in mein Velofahrer-Vokabular aufnehme. An diesen Stellen lasse ich die schnellen Renner wieder einmal ziehen und schone mein Material. Es ist unglaublich, was es alles mitmacht.

Um siebzehn Uhr sind wir in Kühlungsborn. Das Seebad ist imposant, die Promenade am Meer über drei Kilometer lang, die Strände doppelt so lang. Der Name Kühlungsborn klingt sehr poetisch und romantisch, er ist aber ein Kunstname, und seine Entstehung geht so: Im Jahr 1937 werden verschiedene Dörfer zusammengeschlossen zur Gemeinde Brunshaupten-Arendsee. Einen so umständlichen Namen kann sich niemand merken, und er ist wenig einladend für ein aufstrebendes Seebad, für einen Ort der Freude. Da leistet die nationalsozialistische Freizeit-Organisation Kraft durch Freude (KdF) etwas Entwicklungshilfe, indem sie erst einmal umtauft: Kühlungsborn, das klingt fröhlicher und eingängiger. Kühlungsborn ist eine Quelle der Freude für Sommerfrischler, und das Dritte Reich wird im kommenden Krieg viele Volksgenossen mit guter Gesundheit und starken Nerven als Kanonenfutter brauchen. Im Rückblick und unter Einbezug solcher KdF-Ideologie wirkt der Name Kühlungsborn wie eine bitterböse, tragikomische Vorwegnahme des

Stralsunder Fischbrötch

späteren Schreckens. Ich bin der Nazi-Poesie voll auf den Leim gegangen.

Auch anderswo an der Ostsee war KdF sehr aktiv: In Prora, am schönsten Strand der Insel Rügen, begannen die Nazis 1936 mit dem Bau einer Ferienanlage, die aus acht Wohnblöcken mit Seesicht bestand und zwanzigtausend Sommerfrischler aufnehmen sollte. Der Krieg setzte dem Weiterbau ein Ende. Die unvollendete Stahlbeton-Masse dieses »Kolosses von Rügen« war so gigantisch, dass die Rote Armee nach 1945 die Versuche, ihn wegzusprengen, aufgeben musste. Auch danach konnte sich niemand den Abbau leisten, weder die DDR noch das wiedervereinigte Deutschland. Seit einigen Jahren wird versucht, den Koloss touristisch zu nutzen, und es gibt Stimmen, die Prora eine große Zukunft voraussagen.

Das KdF-Zeug geht mir nicht aus dem Kopf. Ich erinnere mich, dass wir zu Hause im Schweizer Bergdorf Gletschkrachen ein KdF-Fotobuch hatten. Wie bloß konnte das in unser Haus gelangen? In diesem Buch fand ich Bilder, die mich in ihren Bann zogen. Angetan hatten es mir die Burschen und Mädels, die einzeln oder in Paaren mit gestreckten Leibern in Rhönrädern hängend über die Wiese rollten; das war fremd und exotisch. Mit weit aufgerissenen Augen betrachtete ich die Fotos von Skifahrerinnen und Skifahrern, die in Badekleidern und -hosen über Pulverschneehänge zu Tale kurvten, im klassischen oder im Telemark-Stil; sie waren mir nahe, weil ich die halbe Kindheit auf Ski verbrachte, und sie verunsicherten mich, weil ich selber nie auf die Idee gekommen wäre, in der Badehose den Hang hinunterzuwedeln.

Was ist mit dieser seltsamen KdF-Faszination? Ich denke zurück an Prora. Die Anlage kann man auch als ein Nazi-Denkmal schlechthin betrachten, ein gigantisches und ein unzerstörbares, dessen Architekt – oh Ironie der Sprache! –

übrigens Clemens Klotz heißt. So klotzig war Prora, so unübersehbar das unangenehme nationalsozialistische Erinnerungsstück, dass es lange Zeit auf mancher Landkarte trotz oder wegen seiner Sperrigkeit weggelassen und in vielen Reiseführern nicht erwähnt wurde.

Eigentlich wollten wir heute bis Wismar fahren. Walter, unser Wirt, hat in Wismar eine Wohnung, die der nette Kerl uns gerne zur Verfügung stellt, wenn wir wollen. Er selber lässt sich von einem VW-Bus abholen und zurück nach Stralsund zur Arbeit bringen. Der Fahrer des Busses könnte uns drei so nebenbei auch nach Wismar bringen. Velo oder Bus? Alle sagen, das müsse ich entscheiden, weil ich am längsten unterwegs sei. Ich bin für den VW-Bus zu stolz und lehne dankend ab. Wir sitzen an der Hauptstraße und trinken Weizenbier. Gleich gegenüber ist das Hotel Traube. Ich frage nach Zimmern, und wir kommen dort unter.

Dann verabschiedet sich Walter. Er ist interessiert an der Route des Grandes Alpes; die wollen wir im September unter die Räder nehmen.

Sehr schönes Nachtessen in einem Restaurant in Strandnähe. Ich bin so froh, dass ich den Bustransport abgelehnt habe.

Tag sechzig **Kühlungsborn – Lübeck**

Übermorgen ist der Monat Juni zu Ende, und heute hat mein Bruder Geburtstag. Ich habe ihm neulich eine Glückwunschkarte geschickt und hoffe, sie komme pünktlich bei ihm an. Dann rechne ich: Ich bin seit zwei Monaten unterwegs. 52 Tage lang bin ich geradelt, zehn Tage habe ich geruht; was, nur zehn Tage Pause? Stimmen diese Zahlen? Ich zähle nach. Sie stimmen.

Auch heute haben wir eine sehr schöne Landpartie, rollen von einem Dorf zum anderen. Der Himmel ist bedeckt, doch es bleibt trocken, dann haben wir immer wieder Sonne.

Der schöpferische Bernhard fährt voraus, weil er in einem großen Geschäft einen Velosack für den Transport in der Eisenbahn bestellt hat und dort abholen will. Mit Unicum Zwack fahre ich in Lübeck ein. Wir fahren zum Hotel Baltic und warten auf den schöpferischen Bernhard.

Ich frage Unicum Zwack immer wieder, wo er zu übernachten gedenkt, doch er will es mir nicht sagen.

Dann gehen wir in eine Kneipe und schauen Fußball, ich weiß nicht mehr, wer gegen wen spielt an der Weltmeisterschaft. Ich trinke ziemlich viel Bier, bin ausgelassen.

Das also war die Reise um die Ostsee und die angrenzenden Gewässer herum. Und ich träume seither jede Nacht vom Reh, das am Rapsfeld steht und zu mir herüberschaut.

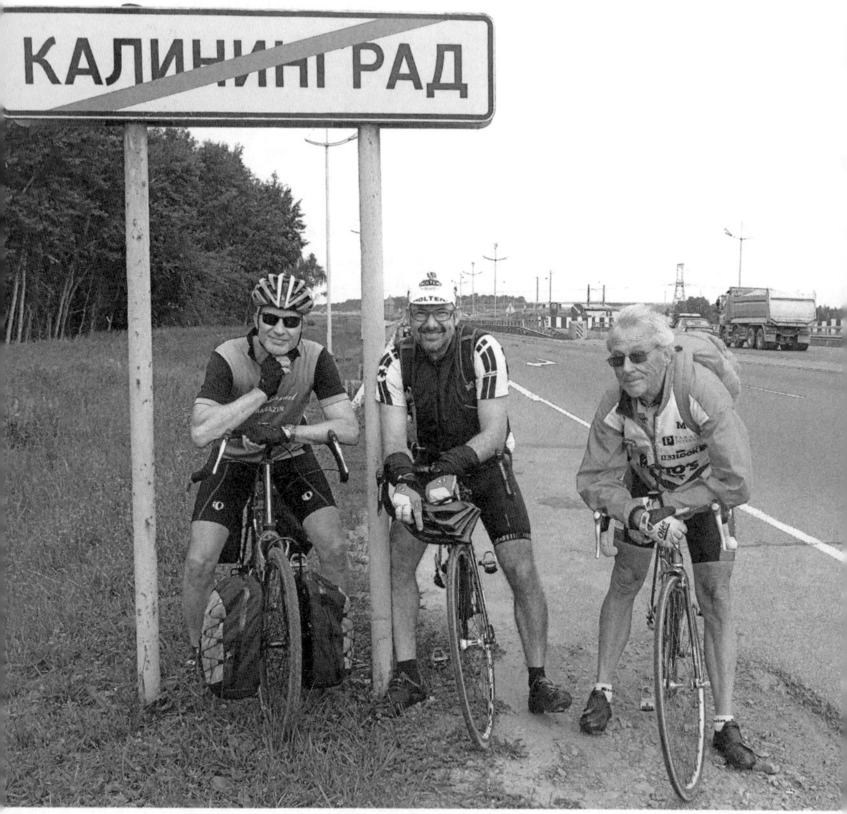
КАЛИНИНГРАД

*In Dankbarkeit für Pete, Bernhard, Kurt,
ohne die diese Reise nicht gelungen wäre.*

Rund um die Ostsee und angrenzende Gewässer, ein Fahrplan im Uhrzeigersinn

		km	Logis
DEUTSCHLAND 1			
Tag 1	Lübeck–Puttgarden	125	🛏

Deutschland 1: 125 km, 1 Tag, 1 Nacht im Hotel

DÄNEMARK			
Tag 2	Puttgarden–Præstø	115	▲
Tag 3	Præstø–Kopenhagen	85	🛏

Dänemark: 200 km, 2 Tage, 1 Nacht im Hotel, 1 Nacht im Zelt

SCHWEDEN			
Tag 4	Zug: Kopenhagen–Kristianstad	130	
	Velo: Kristianstad–Karlshamn	84	▲
Tag 5	Karlshamn–Kalmar	167	🛏
Tag 6	Kalmar–Oskarshamn	113	▲
Tag 7	Oskarshamn–Valdemarsvik	168	🛏
Tag 8	Velo: Valdemarsvik–Nyköping	106	
	Zug: Nyköping–Stockholm	80	🛏
Tag 9	Stockholm, Ruhetag		🛏
Tag 10	Stockholm–Norrtälje	113	▲
Tag 11	Norrtälje–Gävle	167	🛏
Tag 12	Gävle–Hudiksvall	157	🛏
Tag 13	Hudiksvall–Sundsvall	99	🛏
Tag 14	Sundsvall–Härnösand	74	🛏
Tag 15	Härnösand–Örnsköldsvik	122	▲
Tag 16	Örnsköldsvik–Umeå	120	🛏
Tag 17	Umeå–Skellefteå	144	▲
Tag 18	Skellefteå–Luleå	144	🛏
Tag 19	Luleå–Haparanda	132	🛏
Tag 20	Haparanda, Ruhetag		🛏

Schweden: 2120 km, 17 Tage, 12 Nächte im Hotel, 5 Nächte im Zelt; 2 Ruhetage.

FINNLAND

Tag 21	Tornio–Oulu	148	⛺
Tag 22	Oulu–Kalajoki	143	⛺
Tag 23	Kalajoki–Oravais	140	⛺
Tag 24	Velo: Oravais–Vaasa Zug: Vaasa–Seinäjoki	28 75	 🛏
Tag 25	Seinäjoki, Ruhetag		🛏
Tag 26	Seinäjoki–Virrat	108	⛺
Tag 27	Virrat–Tampere	121	⛺
Tag 28	Tampere, Ruhetag		🛏
Tag 29	Tampere–Tuulos	100	🛏
Tag 30	Tuulos–Lahti	51	🛏
Tag 31	Lahti–Lappeenranta	162	⛺

*Finnland: 1076 km, 11 Tage, 6 Nächte im Hotel, 6 Nächte im Zelt;
2 Ruhetage*

RUSSLAND 1

Tag 32	Lappeenranta–Vyborg	71	🛏
Tag 33	Vyborg, Ruhetag		🛏
Tag 34	Vyborg–Sovjetskij	83	🛏
Tag 35	Sovjetskij–St. Petersburg	157	🛏
Tag 36	St. Petersburg, Ruhetag		🛏
Tag 37	St. Petersburg, Ruhetag		🛏
Tag 38	St. Petersburg–Sosnovy Bor	122	🛏
Tag 39	Sosnovy Bor–Narva	150	🛏

Russland 1: 583 km, 8 Tage, 8 Nächte im Hotel, 3 Ruhetage

ESTLAND

Tag 40	Narva–Saka Mõis	87	⛺
Tag 41	Saka Mõis–Viinistu	134	🛏
Tag 42	Viinistu–Tallinn	103	🛏

Estland: 324 km, 3 Tage, 2 Nächte im Hotel, 1 Nacht im Zelt

LETTLAND

Tag 43	Tallinn–Ainaži	199	🛏
Tag 44	Ainaži–Riga	122	🛏
Tag 45	Riga, Ruhetag		🛏
Tag 46	Riga–Engure	76	🛏
Tag 47	Engure–Ventspils	174	🛏
Tag 48	Ventspils–Liepāja	125	🛏

Lettland: 696 km, 6 Tage, 6 Nächte im Hotel; 1 Ruhetag

LITAUEN

Tag 49	Liepāja–Klaipėda	100	🛏
Tag 50	Klaipėda–Zelenogradsk	115	🛏

Litauen: 215 km, 2 Tage, 2 Nächte im Hotel

RUSSLAND 2

Tag 51	Zelenogradsk–Kaliningrad	32	🛏

Russland 2: 32 km, 1 Tag, 1 Nacht im Hotel

POLEN

Tag 52	Kaliningrad–Gdańsk	149	🛏
Tag 53	Gdańsk, Ruhetag		🛏
Tag 54	Gdańsk–Ustka	163	🛏
Tag 55	Ustka–Kołobrzeg	123	🛏
Tag 56	Kołobrzeg–Świnoujście	115	🛏

Polen: 550 km, 5 Tage, 4 Nächte im Hotel; 1 Ruhetag

DEUTSCHLAND 2

Tag 57	Świnoujście–Stralsund	107	🛏
Tag 58	Stralsund, Ruhetag		🛏
Tag 59	Stralsund–Kühlungsborn	143	🛏
Tag 60	Kühlungsborn–Lübeck	111	🛏

Deutschland 2: 361 km, 4 Tage, 3 Nächte im Hotel; 1 Ruhetag

TOTAL

6282	Kilometer
60	Tage
47	Nächte im Hotel
13	Nächte im Zelt
10	Ruhetage

LÄNDER-DISTANZEN

Deutschland 1	125 km		Lettland	696 km
Dänemark	200 km		Litauen	215 km
Schweden	2120 km		Russland 2	32 km
Finnland	1076 km		Polen	550 km
Russland 1	583 km		Deutschland 2	361 km
Estland	324 km			

TOTAL

6282	Kilometer, davon
5997	mit dem Fahrrad, und
285	Kilometer mit der Eisenbahn

Von Lübeck bis St. Petersburg war der Autor allein unterwegs, von St. Petersburg bis Riga ging es zu zweit weiter, von Riga bis Gdańsk zu viert, von Gdańsk bis Lübeck zu dritt. Die Reise fand in den Monaten Mai und Juni 2014 statt.

Bibliografie

Bücher, Zeitschriften

Elena Gorokhova, *Goodbye Leningrad*, dtv, München 2013.

Nicola Haardt, *Ost-Erfahrung. Mit dem Rad von Bochum zum Baikal.* traveldiary-Verlag, Magdeburg 2016.

Detlef Kaden, *Radtourenbuch Tallinn – Sankt Petersburg – Helsinki*, Verlag IS. RADWEG, Panketal 2018.

Hansjörg Küster, *Die Ostsee. Eine Natur- und Kulturgeschichte*, C. H. Beck, München 2004.

Hans Graf von Lehndorff, *Ostpreußisches Tagebuch. Aufzeichnungen eines Arztes aus den Jahren 1945–1947*, dtv, München 2004

Ossip Mandelstam, *Das Rauschen der Zeit*, Ammann Verlag, Zürich 1985.

Lorenz Paul, Kathrin Schärer, *Rigo und Rosa. 28 Geschichten aus dem Zoo und dem Leben*, Atlantis Verlag, Zürich 2016.

Reinhard Rosenke, *Rund um die Ostsee. 10 000 Kilometer auf dem Fahrrad*, Books on demand, Norderstedt 2007.

Karl Schlögel, Frithjof B. Schenk, Markus Ackeret (Hg.), *Sankt Petersburg. Schauplätze einer Stadtgeschichte*, Campus Verlag, Frankfurt a. M. 2007.

Christine Thürmer, *Wandern, Radeln, Paddeln. 12 000 Kilometer Abenteuer in Europa.* Malik/Piper-Verlag, München 2018.

Du, die Zeitschrift der Kultur, Heft Nr. 7, Juli 1996, *Die Ostsee. Neue Nachbarschaft im Balticum.*

GEO EPOCHE Das Magazin für Geschichte, Heft Nr. 82, 2016, *Die Hanse 1150–1600. Europas heimliche Großmacht.*

Karten

Ostsee 1:1 300 000 von Reise-Know-How.

Schweden 1:600 000 von Freytag & Berndt.

Finnland 1:500 000 von Freytag & Berndt.

Polen 1:500 000 von Freytag & Berndt.

Dres Balmer, geboren 1949 in Grindelwald, war Lehrer und Delegierter des Internationalen Komitees vom Roten Kreuz (IKRK). Arbeitet seit vielen Jahren als Reisejournalist für verschiedene Zeitschriften, Zeitungen und Radiosender. Publizierte belletristische und Reisebücher. Dres Balmer lebt in Bern.

Dres Balmer
Route 66
Mit dem Fahrrad von Chicago nach Los Angeles

Dres Balmer nimmt sich die Ikone des automobilen Amerikas vor – aber ohne Motor!

Mit Farbfotos, Routenskizzen und Serviceteil
320 Seiten, Klappenbroschur, 2012, ISBN 978-3-85869-478-2

Dres Balmer
Rund ums Schwarze Meer
Eine Radreise durch sieben Ländern von Istanbul nach Istanbul

Mit dem Fahrrad rund ums Schwarze Meer – das ist leichter gesagt als getan. Manchmal geht's nicht mehr weiter. Doch Radprofi Dres Balmer weiß den Ausweg.

Mit Farbfotos, Routenskizzen und Serviceteil
320 Seiten, Klappenbroschur, 2016, ISBN 978-3-85869-712-7

Rotpunktverlag.